Melanie Wagenhofer • Philipp Wagenhofer
Sabine Neuweg • Alois Peham

100 Ausflüge in Oberösterreich
Kultur • Natur • Freizeit

Melanie Wagenhofer • Philipp Wagenhofer
Sabine Neuweg • Alois Peham

100 Ausflüge in Oberösterreich
Kultur • Natur • Freizeit

EDITION**OBERÖSTERREICH**

Fotonachweis:

U1: Titelbild Hallstatt: Toni Anzenberger; Bildleiste: OÖ Tourismus/Himsl, Toni Anzenberger (2), Dachstein&Eishöhlen GmbH; U4: OÖ Tourismus/Himsl (2), Peham; Umschlagklappe: Portraitfotos Peham/Neuweg: OÖ Werbung/Höfer; Portraitfotos Wagenhofer: Röbl

S. 1: OÖ Werbung/Himsl; S. 2: Wurm+Köck; S. 5: TV Linz, OÖ Tourismus/Weissenbrunner; S. 6: Peham, Mühlviertler Alm; S. 7: Weissenbrunner, Peham; S. 8: Peham; S. 9: Peham, Heilinger; S. 12–13: TV Linz; S. 14–15: Botanischer Garten Linz; S. 16–17: Donau OÖ/Weissenbrunner; TV Linz/Röbl; S. 18: Land OÖ; S. 19: LinzGenesis, OK Linz; S. 20–21: Landesmuseen OÖ; S. 22: Peham; S. 23: TV Linz/Röbl, Peham; S. 24: TV Linz/Röbl; S. 25: Peham; S. 26: TV Linz; S. 27: Peham, Linz AG; S. 28–29: Peham; S. 30–31: OÖ Landesmuseen; S. 32: OÖ Werbung/EOS-Witzany; S. 33: OÖ Tourismus/Fersterer; S. 34: Fotoclub Wels; S. 35: Marcus Steiner; S. 36: Peham; S. 37: OÖ Tourismus/Weissenbrunner, OÖ Tourismus/Fersterer; S. 38: Peham; S. 39: Peham, OÖ Tourismus/Kunst; S. 40: Weinhäupl; S. 41: Heimatbund Mondseeland, Zopf; S. 42–43: Museum Arbeitswelt Steyr; S. 44–45: OÖ. Tourismus/Weissenbrunner; S. 46–47: TV Bad Hall-Kremsmünster/Weissenbrunner; S. 48: Stift Schlägl; S. 49: OÖ Werbung/EOS-Witzany; S. 50–51: Blasl; S. 52: Dachstein&Eishöhlen GmbH; S. 53: Dachstein&Eishöhlen GmbH, Peham; S 54–61: Peham; S. 62: Peham, OÖ Tourismus/Zak; S. 63–67: Peham; S. 68: Fellner-Schimmel; S. 69: Peham, TV Böhmerwald; S. 70–71: Peham; S. 72–73: Baumkronenweg Kopfing; S. 74–75: TV Grünau; S. 76–77: Jagdmärchenpark Hirschalm; S. 78–79: Wolfram-Maria Schröckenfuchs; S. 80–81: OÖ Tourismus/Himsl; S. 82–83: Salinen Tourismus GmbH; S. 84–85: TV Böhmerwald; S. 86–87: OÖ Tourismus/Röbl; S. 88: Sieghartsleitner; S. 89: OÖ Tourismus/Erber, Himsl; S. 90–91: Zoo Schmiding; S. 92–93: KV Bad Leonfelden; S. 94–95: Eurotherme Bad Schallerbach; S. 96: Peham; S. 97: Weissenbrunner; S. 98–99: TV Lebensquell Bad Zell; S. 100–101: Kaiser-Therme Bad Ischl; S. 102–103: Der Wolf; S. 104: Peham, TV MV Kernland; S. 105: TV MV Kernland; S. 106–107: OÖ Tourismus/Röbl, OÖ Tourismus/Erber; S. 108–109: Tassilotherme Bad Hall; S. 110–111: Therme Geinberg; S. 112–117: Peham; S. 118: TV Feldkirchen, Peham; S. 119–121: Peham; S. 122: OÖ Werbung/Himsl; S. 123–131: Peham; S. 132–133: TV Böhmerwald; S. 134–147: Peham; S. 148: Dachstein&Eishöhlen GmbH/Keller; S. 149: Peham, OÖ Tourismus/Röbl; S. 150–184: Peham; S. 185: OÖ Tourismus/Himsl, Peham; S. 186: OÖ Werbung/Höfer; S. 187–191: Peham; S. 192: OÖ Werbung/Heilinger, Peham; S. 193: OÖ Werbung/Heilinger, OÖ Tourismus/Haafke, OÖ Tourismus/Wiesenhofer; S. 194–195: Donau OÖ/Weissenbrunner; S. 196: TV Linz/Röbl; S. 197: LIVA, TV Linz; S. 198–199: Judith Hießl; S. 200–201: Verein Textile Kultur Haslach; S. 202: OÖ Werbung/Himsl; S. 203: Gamsjagatage/o'Toole; S. 204–205: Gemeinde Mitterkirchen; S. 206: TV Inneres Salzkammergut; S. 207: TV Inneres Salzkammergut, Torsten Kraft; S. 208: OÖ Tourismus/Heilinger; S. 209: TV Steyr, OÖ Tourismus/Schwager, OÖ Tourismus/Heilinger, Peham; S. 210: TV Steyr, TV Inneres Salzkammergut; S. 211: OÖ Tourismus/Wiesenhofer, TV Steyr

© 2008 by Edition Oberösterreich
in der Verlagsgruppe Styria GmbH & Co KG,
Wien – Graz – Klagenfurt
www.editionoberoesterreich.at
Alle Rechte vorbehalten
Kein Teil des Werkes darf in irgendeiner Form
(durch Fotografie, Mikrofilm oder ein anderes Verfahren)
ohne schriftliche Genehmigung des Verlages reproduziert
oder unter Verwendung elektronischer Systeme verarbeitet,
vervielfältigt oder verbreitet werden.

Umschlaggestaltung: Bruno Wegscheider
Lektorat: Anna Jungreithmayr, Linz
Layout und Produktion: Helmut Lenhart
Druck: Generál Nyomda, Szeged
ISBN 978-3-7012-0038-2

Inhalt

Vorwort 10

Mit Linz beginnt's

1. Ars Electronica Center 12
   Zukunft erleben
2. Botanischer Garten 14
   Blühendes Linz
3. Donauschifffahrt 16
   Auf der schönen blauen Donau
4. Kulturbezirk im Zentrum 18
   Pulsierendes Kunstviertel
5. Landesgalerie Linz 20
   „Ich bin ganz überrascht"
6. Lentos Kunstmuseum 22
   Schweizer Kiste mit Kniff
7. Linzer Tiergarten 24
   Eine tierische Runde
8. Pöstlingberg und Grottenbahn 26
   Zwergerl schnäuzen
9. Römerberg und Freinberg 28
   Die Dachterrasse der Stadt
10. Schlossmuseum Linz 30
    Das Erbe des Landes

Der Kultur auf der Spur

11. Augustiner Chorherrenstift Sankt Florian 32
    Meisterwerke des Barock und der Sangeskunst
12. Burg Wels 34
    Reise in die Vergangenheit
13. Grein 36
    Die Perle des Strudengaus
14. Kaiservilla Bad Ischl 38
    Fürstliches Hochzeitsgeschenk
15. Museen in Mondsee 40
    Vier auf einen Streich
16. Museum Arbeitswelt 42
    Industrielle Revolution
17. Museum Hallstatt 44
    Expedition durch 7000 Jahre Erbe
18. Stift Kremsmünster und Stift Schlierbach 46
    Sternderlschauen, Käse und andere Entdeckungen
19. Stift Schlägl 48
    Flüssiges Gold und andere Schätze

INHALT 5

20 Trattenbacher Museumsdorf 50
Ein oberösterreichisches Original wieder entdecken

Schauspiele der Natur

21 Dachsteinhöhlen 52
Rieseneis-, Mammut- und Koppenbrüllerhöhle

22 Dr.-Vogelgesang-Klamm 54
Tosendes Wasser in dunkler Schlucht

23 Heidenstein bei Eibenstein 56
Auf dem Chakraweg zum Kraftplatz

24 Ibmer Moor 58
Moorrundweg im Pfeiferanger

25 Im Echerntal 60
Wildes Wasser im Gletschergarten

26 Nationalpark Kalkalpen.. 62
Zwischen Sengsen- und Hintergebirge

27 Naturpark Mühlviertel 64
Steinreiches Kulturland um Rechberg

28 Pesenbachtal 66
Am Wildbach zum Kerzenstein

29 Schwarzenbergischer Schwemmkanal 68
Frühes Wunder der Technik

30 Tannermoor 70
Unberührte Naturlandschaft

Erlebniswelt für Groß und Klein

31 Baumkronenweg in Kopfing 72
Wege durch das grüne Meer

32 Cumberland-Wildpark und Kinderland Schindlbach 74
Von Waldrappen und Märchenfiguren

33 Jagdmärchenpark Hirschalm 76
Märchenhaft schön

34 Klangwelten und Sensenschmiedemuseum 78
Ohrwürmer und Hammerherren

35 Pferdeeisenbahn 80
Reisen wie ein Kaiser

36 Salzwelten Hallstatt 82
O sole mio!

37 Villa Sinnenreich Rohrbach 84
Im Reich der Sinne

38 Weg der Sinne 86
Alle fünf sind mit dabei

39 Wurbauerkogel.. 88
Ab(ge)fahren

40 Zoo Schmiding 90
Vom Vogelparadies zur bunten Truppe

Wellness und Fitness

41 Erlebnisweg Moorwald Bad Leonfelden .. 92
   Mittendrin im Waldleben

42 Eurotherme Schallerbach 94
   Glückliche Schwefel-Wasser-Verbindung

43 Fitness- und Kneippweg Pfarrkirchen und
   Oberkappel 96
   Rund um den Stausee

44 Hedwigsbründl Bad Zell 98
   Ein Ort, an dem Kraft fließt

45 Kaiser Therme Bad Ischl 100
   Was schon den Herrschaften einst guttat ...

46 Kneipp-Kräutergarten Bad Mühllacken .. 102
   In der grünen Apotheke des Klosters

47 Maria Bründl St. Oswald 104
   Quelle der Ruhe

48 Nordic.Fitness.Park Geboltskirchen 106
   Mit Stöcken den Hausruckwald erkunden

49 Therme Bad Hall 108
   Prickeln auf der Haut

50 Therme Geinberg 110
   Kurzurlaub in der Karibik

Seen zum Entdecken

51 Almsee und Ödseen 112
   Unter der Almtaler Sonnenuhr

52 Badesee Klaffer und Urlsee 114
   Aussicht zum Böhmerwald

53 Badesee Pramet 116
   Auf dem Kulturweg zum Badesee

54 Feldkirchner Seen 118
   Freizeitspaß in Donaunähe

55 Gleinkersee 120
   Kleinod am Gebirgsrand

56 Gosauseen 122
   Traumkulisse unterm Dachstein

57 Innviertler Seenplatte 124
   Holzöster-, Heratinger- und Höllerersee

58 Langbathseen 126
   Natur pur im Duett

59 Offensee 128
   Idylle unterm Rinnerkogel

60 Schwarzensee 130
   Sanfte Waldeinsamkeit

Auf Wegen und Steigen

61 Guckerweg in Julbach 132
   Ins Land einigschaut

62 Hallstättersee-Runde 134
   Auf dem Ostufer- und Soleleitungsweg

63 Höhenwege Pyhrn-Priel 136
   Wander- und Erlebniswelt Stodertal

64 Rund um den Traunstein 138
   Almen, Seen und Felswege

65 Rundweg „Auf der Alm" 140
   Almerlebnis am Hengstpass

66 Stillensteinklamm 142
   Vom Theater in die Klamm

67 Themenwege in Helfenberg.. 144
   Bankerl, Sprüche und Geschichte

68 Weg der Wallfahrer 146
   Der Wolfgang vom Falkenstein

69 Welterbewanderwelt Krippenstein 148
   Fünf Finger über dem Abgrund

70 Zehn-Mühlen-Weg in Reichenthal 150
   Von Mühle zu Mühle

Almen und Hütten

71 Dümlerhütte 152
   Am Weg zum Warscheneck

72 Ebenforstalm 154
   Wollgras, Alm und Wasserschwinde

73 Födingeralm 156
   Hüttenzauber rund ums Jahr

74 Gablonzer Hütte 158
   Ganzjahresziel am Gosaukamm

75 Goisererhütte 160
   Zwischen Gosau und Bad Goisern

76 Gowilalm 162
   Genuss unterm Pyhrgas

77 Hochleckenhaus 164
   Oben auf dem Plateau

78 Pettenfirsthütte 166
   Unterwegs im Wald der Kinder

79 Schobersteinhaus und Grünburger Hütte 168
   Zwischen Trattenbach und Molln

80 Wiesberghaus und Simonyhütte 170
   Auf den Spuren von Friedrich Simony

Touren mit dem Rad

81 Böhmerwaldrunde 172
   Moldaublick und Schwemmkanal

82 Brucknerradweg 174
   Musikalische Fahrt zu den Römern

83 Eferdinger Landlrunde 176
   Mostalleen und Gemüsefelder

84 Ennstalradweg 178
   Von Steyr nach Weyer

85 Hausruck Nord 180
   Vom Aschachtal zum Sauwald

86 Hintergebirgsradtour 182
   Auf den Spuren der Waldbahn

87 Innradweg 184
   Zwischen Reichersberg und Schärding

88 Schlögener Schlingentour 186
   Auf dem Donauradweg nach Aschach

89 Vier-Seen-Runde 188
   Kaiserliches Radvergnügen

90 Von Aigen nach Linz 190
   Mit Zug, Rad und Schiff

Im Jahreskreis

91 Glöcklerlauf und Fetzenfasching im
   Salzkammergut 192
   Das neue Jahr und alte Narren

92 Donau in Flammen 194
   Glühende Begeisterung

93 Linz: Landes-Ritterfest, Pflasterspektakel
   und Klangwolke 196
   Der Sommer in der Stadt

94 Sunnseitn 198
   Volkskultur jenseits von Kommerz

95 Webermarkt Haslach an der Mühl 200
   Gewebt, bedruckt, gefilzt und genäht

96 Gamsjagatage 202
   Geigen, Gamsbart und Gezwitscher

97 Keltenfest im Urgeschichtlichen Freilichtmuseum Mitterkirchen 204
   Wie die Ahnen

98 Almabtrieb in Gosau 206
   Mit dem lieben Vieh ins Tal

99 Advent, Advent … 208
   Am Wolfgangsee, in Kefermarkt und Steyr

100 Krippen in Ebensee, Bad Ischl und Steyr 210
   Von Stall zu Stall

INHALT | 9

Vorwort

Wir besuchten schöne, alte Klöster, in denen uraltes Wissen zu Hause ist, und entdeckten moderne Schätze im Lentos oder dem Ars Electronica Center in Linz. Wir radelten und wanderten unter anderem um idyllische kleine Seen und kehrten auf bezaubernden Almen ein, wir gingen in den Baumwipfeln spazieren. Immer wieder begeisterten uns die Schauspiele der Natur an den vielen Orten im Land ob der Enns. Zur Entspannung ließen wir uns in den heimischen Thermen nieder oder tankten Kraft an besonderen Quellen. Wir feierten Advent und Fasching an verschiedenen Orten im Land, wir entdeckten Tierisches, Märchenhaftes und Sinnliches.

Sie fragen sich vielleicht, warum gerade dieses Quartett einen Ausflugsführer geschrieben hat. Oder: Warum wir uns als Autoren so gut ergänzten und doch wieder überhaupt nicht. Nun, dazu gibt es Grundsätzliches zu sagen. Und das betrifft nicht nur die jahrzehntelange Freundschaft der beiden Männer, die schon gemeinsam in Linz die Schulbank drückten. Die Wagenhofers – zumindest dieser Teil des weit verzweigten

Clans – bevölkern hauptsächlich die Ebene, während das Ehepaar Neuweg-Peham vorwiegend bergauf und bergab anzutreffen ist. So passten wir eigentlich nicht und doch wieder hervorragend zusammen, um nämlich die Vielfalt der Ausflugsziele in Oberösterreich in ihrer ganzen Breite abzudecken. Diese spiegelt sich in den einzelnen Themen bzw. Kapiteln wider und geht der Frage auf den Grund, was man in Oberösterreich so alles erleben kann: Vieles! Weil es oft nicht darum geht, welchem Ort man einen Besuch abstatten möchte, sondern um die Interessen, die man hat, haben wir uns für zehn Themen entschieden: Die reichen von der Kultur über Wellness, Erholung und Wandern bis hin zu Ereignissen im Laufe eines Jahres. Wer weiß, an welchen Ort er fahren möchte, findet die entsprechenden Ausflugstipps im Index.

Aus allen Richtungen – thematisch und geografisch – haben wir jeweils zehn Mal Sehenswertes herausgepickt. Doch sehen Sie auf den folgenden Seiten selbst!

Die AutorInnen

1 Ars Electronica Center

Zukunft erleben

INFORMATION

Hauptstraße 2,
Linz-Urfahr,
Tel. 0732/72 72-0,
www.aec.at

Öffnungszeiten:
mittwochs bis freitags
9–17 Uhr, samstags und
sonntags 10–18 Uhr,
montags und dienstags
geschlossen. Führungen
werden angeboten,
etwa für Kinder und
Jugendliche. In den
Schulferien gibt es
Sonderöffnungszeiten.

*Im „Museum der Zukunft"
kann man auf faszinie-
rende Weise in virtuelle
Welten eintauchen.*

Die Industriestadt Linz hat sich längst auch zu einer Technologie- und Kulturstadt entwickelt. Bestes Zeugnis dafür ist das Ars Electronica Center (AEC) beim Brückenkopf in Urfahr, das die Ars-Electronica-Verantwortlichen mit vielen Innovationen zum Vorzeigeprojekt gemacht haben. Schon im ersten Jahr konnte das erwartete Interesse um 40 000 Besucher übertroffen werden. Das im September 1996 gestartete „Museum der Zukunft" (ein Widerspruch in sich!) wurde von 120 000 Menschen gestürmt – und platzte bald aus allen Nähten. Im AEC lässt es sich auf faszinierende Weise in virtuelle Welten eintauchen. Und die interaktive Auseinandersetzung mit jüngsten Entwicklungen in den Bereichen Informations- und

Kommunikationstechnologie kann eine überaus spannende Angelegenheit sein. Installationen wie „Humphrey II" – der Benutzer steuert mit seinen Muskeln fliegerische Aktivitäten und bekommt über eine 3-D-Brille entsprechende optische Eindrücke – haben den Ruf des AEC weit über die Grenzen des Landes getragen. Reges Interesse findet auch der „Cave", in dem man quasi per Zeitmaschine vergangene Epochen besuchen kann – oder die architektonische Zukunft als virtuelle Realität vor Augen geführt bekommt. Die Grundlage für völlig neue Sicht- und Erlebensweisen liefert nicht selten das im AEC integrierte Futurelab, ein (in aller Welt gefragtes) Labor künftiger Entwicklungen, in dem Künstler und Wissenschafter eine befruchtende Symbiose eingehen. Der Erfolg des AEC hat eine Erweiterung nötig gemacht – bis zum Neustart Ende 2008 ist das „Museum der Zukunft" am Graben 15, Ecke Dametzstraße untergebracht.

Der Benutzer steuert mit seinen Muskeln fliegerische Aktivitäten.

MIT LINZ BEGINNT'S

2 Botanischer Garten
Blühendes Linz

INFORMATION
Roseggerstraße 20, Linz,
Tel. 0732/70 70-1860,
www.linz.at/umwelt/4175.asp

Öffnungszeiten: ganzjährig täglich geöffnet

Ganze Pflanzengruppen bilden herrliche blühende Landschaften.

Das ganze Jahr über lädt der Botanische Garten am Linzer Bauernberg zum Flanieren und Staunen ein und bietet einen besonderen Erholungsraum inmitten der Stadt. Schon in der zweiten Hälfte des 19. Jahrhunderts wurde beim Gymnasium Aloisianum am Freinberg eine botanische Anlage gepflegt, später vom Verein für Naturkunde ein Garten. Der heute bestehende Botanische Garten öffnete 1952 seine Pforten. Ab März regt sich hier wieder etwas unter der schwindenden Schneedecke: Die ersten Frühlingsboten stecken ihre Köpfe heraus. Und dann wechseln die Szenen des Naturschauspiels in rascher Folge. Jede Jahreszeit bietet in der wunderschönen Anlage ihr einzigartiges Bild, auch durch die Zusammenstellung von gan-

zen Pflanzengruppen zu bezaubernden Landschaften. Insgesamt schmückt sich der Botanische Garten mit rund 10 000 verschiedenen Pflanzenarten, vielen einheimischen und einer bedeutenden Zahl an weit gereisten Pflanzen, darunter Sumpf- und Wasserpflanzen, amerikanische und asiatische Gehölze, Insekten fangende Pflanzen und vieles mehr – und alle fühlen sich offensichtlich wohl. Zu den besonderen Schätzen des öffentlichen Gartens zählen die umfangreiche Orchideensammlung, die zum Markenzeichen der Anlage geworden ist, und die einzigartige Kakteensammlung. Weiters gibt es ein Rosarium, ein Alpinum, ein Tropenhaus und immer wieder Schauen zu besonderen Themen. Seit einigen Jahren steht eine Freiluftbühne zur Verfügung, auf der Kultur im herrlichen grünen Rahmen angeboten wird.

10 000 verschiedene Pflanzenarten treiben hier ihre Blüten.

MIT LINZ BEGINNT'S

Donauschifffahrt
Auf der schönen blauen Donau

INFORMATION

REEDEREI WURM + KÖCK: Untere Donaulände 1, Linz,
Tel. 0732/78 36 07,
www.donauschiffahrt.at

DONAUSCHIFFFAHRT SCHAURECKER:
Urfahrmarkt 1, Linz-Urfahr,
Tel. 0732/70 08 06,
www.donauschifffahrt.at

TOURIST INFORMATION LINZ: Hauptplatz 1,
Tel. 0732/70 70-1777,
www.linz.at/tourismus/718.asp

DAMPFSCHIFF SCHÖNBRUNN:
Tel. 0664/501 30 68
(Herr Hoffmann),
www.oegeg.at

So ein Ausflug auf der Donau ist doch etwas Herrliches: Gemächlich lässt man die schöne Landschaft an sich vorbeiziehen. Möglichkeiten, den großen Strom in Oberösterreich zu befahren, gibt es viele. Als idealer Ausgangspunkt bietet sich die Landeshauptstadt an, von der aus Erlebnis-, Rund-, Themen- oder Charterfahrten gestartet werden.

Rührige Schiffsleute haben sich zusammengetan und eine besondere alte Dame (Jahrgang 1912) zum Leben erweckt: Die MS Schönbrunn ist das älteste original mit Dampf betriebene Schiff Europas und bezaubert mit dem Flair der k. u. k. Zeit. Der Raddampfer setzt sich zu Sonderfahrten in Bewegung und bildet einen würdigen Rahmen für festliche Anlässe. Kaiserliche Hoheiten sind in der Schifffahrt keine Seltenheit: Die MFS Kaiserin Elisabeth legt mehrmals pro Woche von Linz aus nach Passau oder Wien ab. Sie gehört zur Flotte der Reederei Wurm + Köck, die mit ihren Linienschiffen bei Halb- oder Ganztagesfahrten das Donautal ab Linz

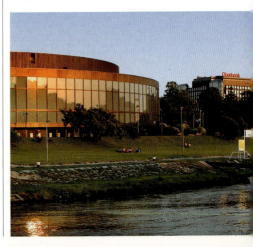

Alte Dame mit Charme: Die MS Schönbrunn, das älteste original mit Dampf betriebene Schiff Europas, setzt sich zu besonderen Anlässen in Bewegung.

bis Aschach, Schlögener Schlinge, Engelhartszell oder Passau befährt. Als Linienschiff wird auch das Kristallschiff eingesetzt, ein wahres Schmuckkästchen, das Millionen von Swarovski-Kristallen trägt. Die kleine MS Helene der Donauschifffahrt Schaurecker erkundet Linz. Mit ihr kann man eine Stadtrundfahrt auf dem Wasser unternehmen, die regelmäßig stattfindet. Oder man bucht die Helene als Gruppe für eine Charterfahrt: zum Steckerlfischessen oder für eine Rundfahrt im Hafen. Fix verankert ist das Lido-Schiff, ein Restaurant samt herrlichem Freideck, das auf der Urfahraner Seite der Donau in Linz liegt.

Auf beschauliche Art und Weise erkundet man die wunderschöne Landschaft entlang des Donaustroms.

4 Kulturbezirk im Zentrum
Pulsierendes Kunstviertel

INFORMATION

LANDESKULTURZENTRUM URSULINENHOF:
Landstraße 31, Linz,
Tel. 0732/78 19 12-0,
www.ursulinenhof.at

Öffnungszeiten:
montags bis freitags
9–19 Uhr, samstags
9.30–17 Uhr, sonntags
9.30–12.30 Uhr

Zu einem Hotspot des kulturellen Lebens in Linz hat sich das Viertel um den Arenaplatz entwickelt. Herzstück ist das Offene Kulturhaus (OK) als Labor und Plattform für Künstler aus aller Welt, die teils hier ihre Projekte entwickeln und präsentieren. Für beste Filmkultur steht das Programmkino Moviemento, das im OK und im neuen Multifunktionsgebäude am Arenaplatz untergebracht ist und ansprechende Streifen für alle Altersklassen auf die Leinwand bringt. An lauen Sommerabenden gibt es darüber hinaus Open-Air-Kino.

Ein breites kulturelles Angebot entfaltet das Landeskulturzentrum Ursulinenhof. Hier lassen sich etwa beim Ursl-Kirtag oberösterreichische Regionen mittels Brauchtum, Kultur und Kulinarik erleben. Rund 30 Vereine und Institutionen sorgen für eine abwechslungs-

Im Landeskulturzentrum Ursulinenhof lässt sich das Angebot mehrerer Galerien erkunden.

Die Nordico-Expositur LinzGenesis bietet Stadtgeschichte im Zeitraffer.

Bild unten: Als Labor nützen Künstler aus aller Welt mit ihren Projekten das OK.

reiche Veranstaltungspalette, so auch mehrere Galerien, die hier untergebracht sind. Das Linzer Stadtmuseum Nordico, das in seiner Expositur LinzGenesis im Alten Rathaus einen Überblick über die Stadtgeschichte bietet, ist Wechselausstellungen gewidmet. Das thematische Spektrum reicht von Stadtgeschichte über regionale und internationale Kunst bis zu Archäologie, Biologie und Themen der Alltagskultur. In diesem pulsierenden Kunstviertel wird aber nicht nur für geistige Nahrung gesorgt, sondern natürlich auch für leibliche Genüsse. Die zahlreichen Lokale, darunter die Café-Bar Solaris im OK, geben Gelegenheit, in entspannter Atmosphäre über Kunst oder sonst was zu sinnieren.

INFORMATION

NORDICO – MUSEUM DER STADT LINZ:
Dametzstraße 23, Linz,
Tel. 0732/70 70-1912,
www.nordico.at

Öffnungszeiten: montags bis mittwochs und freitags 10–18 Uhr, donnerstags 10–21 Uhr, samstags und sonntags 13–17 Uhr

OFFENES KULTURHAUS:
OK Platz 1, Linz,
Tel. 0732/78 41 78,
www.ok-centrum.at

Öffnungszeiten:
montags bis donnerstags 16–22 Uhr, freitags 16–24 Uhr, samstags 10–24 Uhr und sonntags 10–22 Uhr. Führungen (während der Ausstellungszeiten): freitags (19 Uhr), samstags und sonntags (15 Uhr)

MOVIEMENTO PROGRAMMKINO:
Dametzstraße 30, Linz,
Tel. 0732/78 40 90,
www.moviemento.at

Landesgalerie Linz
„Ich bin ganz überrascht"

5

INFORMATION
Museumstraße 14, Linz,
Tel. 0732/77 44 82-0,
www.landesgalerie.at

Öffnungszeiten:
dienstags bis freitags
9–18 Uhr, samstags,
sonntags und feiertags
10–17 Uhr, montags
geschlossen

Spannendes offenbaren in der Landesgalerie Linz nicht nur die Einblicke in die geheimen Triebe und Ängste der modernen Seele, die Alfred Kubin in seinen Federzeichnungen so eindrucksvoll gewährt hat. Immerhin besitzen die Oberösterreichischen Landesmuseen, zu denen auch die Landesgalerie Linz zählt, mit mehr als 4000 Objekten die weltweit größte Sammlung an Originalwerken Alfred Kubins. Einen exzellenten Einblick in das Schaffen dieser Künstlerpersönlichkeit bietet das Kubin-Kabinett der Landesgalerie. Die Landesgalerie wurde 1854 auf Initiative Adalbert Stifters gegründet und rückt moderne und zeitgenössische Kunst in den Blickpunkt, Kunst mit Oberösterreichaspekten, aber auch heimische Kunst in internationalen Zusammenhängen, Ausstellungsreihen … Eine vielfältige Sammlung an Gemälden, Skulpturen, Rauminstallationen, Fotografien und grafischen Werken des 20. Jahrhunderts ist Basis reger Präsenta-

Das Stammhaus der Oberösterreichischen Landesmuseen ist ein typisches Beispiel für den Historismus in Linz.

Die von Adalbert Stifter gegründete Landesgalerie zeigt moderne und zeitgenössische Kunst.

Das Landesmuseum hat einen überkuppelten, durch alle Stockwerke reichenden Mittelraum.

tionstätigkeit. Großes Augenmerk wird in der Landesgalerie der Kunstvermittlung geschenkt, dem Empfinden von Kindern, Jugendlichen und Erwachsenen bei ihren Besuchen. In Kreativ-Workshops oder mit Aktivblättern für junge Menschen kann das jeweilige Thema nachhaltig im Bewusstsein verankert werden. Die Landesgalerie ist im Stammhaus der Oberösterreichischen Landesmuseen – zu den insgesamt zwölf Häusern der Oberösterreichischen Landesmuseen zählen neben der Landesgalerie insbesondere das Schlossmuseum Linz und das Biologiezentrum – in der Museumstraße situiert. Eröffnet wurde der Bau, exemplarisch für den Historismus in Linz, 1895 von Kaiser Franz Joseph I., der nach den Feierlichkeiten meinte: „Es war schön, ich bin ganz überrascht."

6

Lentos Kunstmuseum
Schweizer Kiste mit Kniff

INFORMATION
Ernst-Koref-Promenade 1, Linz,
Tel. 0732/70 70-3600
bzw. 3614,
www.lentos.at

Öffnungszeiten:
täglich 10–18 Uhr,
donnerstags 10–21 Uhr

Ein Wahrzeichen von Linz ist das Museum moderner und zeitgenössischer Kunst, Lentos genannt, dessen bedruckte Glashaut in der Nacht mit farbigen Lichteffekten glänzt. Als „Schweizer Kiste mit Kniff" wurde das klar strukturierte, vom Zürcher Architektenteam Weber + Hofer entworfene Gebäude bei der Eröffnung 2003 bezeichnet. Die „Kiste" ist ein lang gezogenes „Schiff", das auf Schloss und Nibelungenbrücke Bezug nimmt, vor allem auch auf die Donau, auf das Fließen des Stromes. Das Museum erstreckt sich auf drei Geschoßen über 8000 Quadratmeter, eine durchgehende Glasdecke im Obergeschoß bietet optimales Licht für Ausstellungen. In der Lentos-Sammlung, die 1600 Werke aus den Bereichen Malerei,

Skulptur und Objektkunst umfasst, finden sich etwa Gemälde der klassischen Moderne von Klimt, Kokoschka und Schiele, aber auch Arbeiten von Staudacher, Export, Lüpertz, Haring und Warhol aus der Zeit nach 1945. Der aus der „Kiste" quasi herausgeschnittene Eingangsbereich bietet nicht nur reizvolle Blicke auf die Umgebung, sondern auch immer wieder Platz für künstlerische Aktivitäten, beispielsweise für Installationen des Festivals Ars Electronica. Für leibliches Wohl sorgt im Lentos (keltische Bezeichnung für Linz, für „Siedlung an der Biegung des Flusses") ein Café-Restaurant mit Terrasse. Zu den Ausstellungen, die dem zeitgenössischen Schaffen und der künstlerischen Entwicklung im 20. und 21. Jahrhundert gelten, werden Führungen angeboten. Es gibt auch immer wieder Workshops für Kinder, Veranstaltungen (Auditorium mit 250 Sitzplätzen im Erdgeschoß) und Aktionen.

Anklänge an ein lang gezogenes „Schiff" prägen die Lentos-Architektur, Spiegelungen unterstreichen den offenen Charakter.

Es gibt manchen visuellen Akzent zu entdecken.

Linzer Tiergarten
Eine tierische Runde

INFORMATION
Windflachweg 1,
Linz-Urfahr,
Tel. 0732/73 71 80,
www.zoo-linz.at

Öffnungszeiten: ganzjährig täglich geöffnet

Am Pöstlingberg, genauer gesagt auf der Windflach hoch über Linz, ist ein einladendes Tierreich entstanden: Über 600 animalische Zeitgenossen – heimische und exotische – haben im Linzer Tiergarten in üppiger Gartenlandschaft ein ansprechendes Zuhause gefunden. Besucher von nah und fern schätzen seither diesen Ort als Ausflugsziel. In einer guten Stunde lässt sich auf dem Gelände des modernen Zoos eine spannende Runde drehen: Bei den Haustieren – wie Hasen und Meerschweinchen in entzückenden Häuschen – kann man den Weg beginnen und ihn vorbei an Eseln, Schweinen und Schildkröten fortsetzen. Hier hört man schon die Affen kreischen, die hinter Glas lustig herumturnen. Im Wei-

Zottelige Wüstenschiffe begeistern in ungewöhnlicher Kulisse.

tergehen begegnet man verschiedensten Vogelarten ebenso wie Herrn Nasenbär und seiner Familie. In Terrarien rekeln sich Reptilien wie Krokodile, Leguane oder Schlangen, Süßwasser- und Seewasseraquarien präsentieren die Unterwasserwelt. Für Schafe und Ziegen – besonders beliebt bei kleinen Besuchern, weil sie sich begierig füttern lassen – wurde ein sehr schönes „Gebirgsgelände" angelegt. Als Rast auf halber Wegstrecke bietet sich die kleine Labestation samt Spielplatz an. Auf dem Rückweg trifft man auf Alpakas und Trampeltiere ebenso wie auf Luchse und den Roten Panda, eine in ihrer Heimat, dem Himalajagebiet, bedrohte Art. Zu guter Letzt geht es für Groß und Klein noch zu einem Besuch bei Hirsch und Reh und zu einem Abstecher zu Familie Känguru. Und bei alldem begeistert die herrliche Aussicht auf die zu Füßen liegende Stadt.

Gefiederte Freunde begrüßen lautstark die Besucher.

Hat ebenfalls in einer der schönsten Gegenden der Stadt ein neues Zuhause gefunden: Familie Luchs.

8 Pöstlingberg und Grottenbahn
Zwergerl schnäuzen

INFORMATION
Am Pöstlingberg 16,
Linz-Urfahr,
Tel. 0732/34 00-7506,
www.grottenbahn.at

Öffnungszeiten: Anfang März bis Ende Oktober und an den Adventsonntagen

Der Linzer Pöstlingberg, der zum Wahrzeichen der Stadt geworden ist, zeigt beispielhaft, wie wunderbar man eine alte Befestigungsanlage friedlich nutzen kann: als Paradies für Spaziergänger und Kinder. Schon die Fahrt mit der Pöstlingbergbahn (man kommt auch bequem per Pkw hin), der steilsten Adhäsionsbahn Europas, ist ein besonderes Erlebnis: Die kleine Bahn überwindet bei ihrer viertelstündigen Fahrt 255 Meter Höhenunterschied und fährt nach aufwendigen Sanierungsarbeiten ab März 2009 bis zum Linzer Hauptplatz. Oben angekommen, genießt man den herrlichen Ausblick über die ganze Stadt. Vorausgesetzt, man hat Gelegenheit dazu, denn die kleinen Gäs-

Thront weithin sichtbar und schützend über der Stadt: die beliebte Wallfahrtskirche auf dem Pöstlingberg.

te drängen erfahrungsgemäß sogleich in Richtung Grottenbahn, die schon 1906 hier oben errichtet wurde. Nach drei Runden mit der Drachenbahn geht es hinunter ins entzückende Märchenreich, das in den nachgebauten Linzer Hauptplatz integriert ist: In den Gassen der Stadt begegnet man fleißigen Zwergen, Frau Holle, Rotkäppchen oder Sterntaler. Hier finden immer wieder Kinderfeste, Adventmärkte u. Ä. statt. Im Gehege um die Grottenbahn grasen friedlich Rehe, auch ein Spielplatz befindet sich hier. In ein paar Minuten ist man zur schönen Wallfahrtsbasilika „Sieben Schmerzen Mariä" hinaufspaziert, die auf der Spitze des Pöstlingberges thront und von Paaren aus nah und fern gern als Hochzeitskirche genutzt wird. Im sogenannten Rosengarten finden regelmäßig Veranstaltungen kultureller Art statt. Für entsprechende Verpflegung sorgen mehrere Wirte am Pöstlingberg.

Ist man mit der Pöstlingbergbahn oben angekommen, wird man von den Zwergen in ihrem Reich begrüßt.

Der Drache dreht zur Begeisterung seiner Fahrgäste in der glitzernden Welt der Grottenbahn seine Runden.

Danach taucht man in die zauberhafte Welt der Märchen ein.

9 Römerberg und Freinberg
Die Dachterrasse der Stadt

INFORMATION

Einblick in den Innenraum der **MARTINSKIRCHE** (Römerstraße, Ecke Martinsgasse, Tel. 0732/77 74 54, www.linz.at/Tourismus/7566.asp) gibt eine Glastür, eine Besichtigung ist nur mit Fremdenführern möglich.

Die **FRANZ-JOSEF-WARTE** (Tel. 0732/70 70-4203, http://www.linz.at/images/Stadtwanderwege_Linz_Donau.pdf) ist tagsüber frei zugänglich.

Bei der Wanderung auf den Freinberg kann man den Blick wunderbar in die Ferne schweifen lassen.

Exzellente Ausblicke und kulturelle Sehenswürdigkeiten verspricht eine kleine Wanderung vom Linzer Schloss aus Richtung Freinberg. Über die Wasserstiege erreicht man auf dem Römerberg die Martinskirche. Diese gilt mit einer ersten urkundlichen Erwähnung 799 als eine der ältesten ursprünglich erhaltenen Kirchen Österreichs. Zur Nischenkirche wurde sie im 11. Jahrhundert umgestaltet. Von späteren Umbauten stammen die romanischen und gotischen Fenster- und Türöffnungen. Im Innenraum gibt es römische Inschriftensteine und unter dem Kirchenboden einen Backofen aus römischer Zeit. Weiter geht es durch die Römerstraße und die Parkanlage des Freinbergs zur Barbarakapelle, in der seit 2002 eine Nachbildung des Schönstattaltares steht. Nächster Punkt ist die Franz-Josef-

Warte, die 1888 zum Regierungsjubiläum von Kaiser Franz Joseph errichtet wurde. Von der über eine Wendeltreppe erreichbaren Plattform kann man das Panorama bewundern, etwa das Donautal oder den Pöstlingberg. In der Nähe der Warte, wo die Hänge steil zur Donau hinunter abfallen, befindet sich eine weitere eindrucksvolle Aussicht. Über Parkwege, von denen aus man ins Zaubertal sieht, kommt man zum Jägermayrhof und zur Freinbergstraße. Diese „Dachterrasse" mit atemberaubendem Blick auf die Stadt lädt geradezu zum Flanieren ein – vorbei an der Sendeanlage geht es zum Jesuiten-Gymnasium Collegium Aloisianum samt Maximiliankirche. Ausgangspunkt des Komplexes war ein 1827/1828 errichteter Probeturm für die von Erzherzog Maximilian d'Este initiierte Befestigungsanlage von Linz. Dieser Turm hielt zwar der Beschießung zu Testzwecken stand, wurde aber dann nicht benötigt.

Die Martinskirche ist eine der ältesten ursprünglich erhaltenen Kirchen Österreichs.

Fixpunkt der Wanderung ist die Franz-Josef-Warte, die 1888 errichtet wurde.

MIT LINZ BEGINNT'S

10 Schlossmuseum Linz

Das Erbe des Landes

INFORMATION
Tummelplatz 10, Linz,
Tel. 0732/77 44 19-0,
www.schlossmuseum.at

Öffnungszeiten:
dienstags bis freitags
9–18 Uhr, samstags,
sonntags und feiertags
10–17 Uhr, montags
geschlossen

Das spätmanieristische Schloss offeriert das kulturelle Erbe des Landes.

Man benötigt nicht unbedingt eine Zeitmaschine, um in die Vergangenheit zu reisen. Über den Dächern von Linz lässt es sich wunderbar in das Erbe des Landes eintauchen, das Grundlage späterer Entwicklungen ist. Das unter Kaiser Friedrich III. errichtete und unter Kaiser Rudolf II. adaptierte spätmanieristische Schloss offeriert die kulturwissenschaftlichen Sammlungen des Landes Oberösterreich: Kunst vom Mittelalter bis zur Moderne, Volkskunde, Ur- und Frühgeschichte, Römerzeit ... Hier lässt sich eine kurzweilige Reise zu den Wurzeln unternehmen – zu steinzeitlichen Arbeitsgeräten aus Holz, Knochen und Stein, zum Leben auf einer

Zahlreiche entdeckenswerte Objekte gehören zu den reichhaltigen Sammlungen des Landes Oberösterreich.

mittelalterlichen Burg und in Stuben des 18. Jahrhunderts. Ob ein gemalter Altarflügel der Spätgotik oder die Linzer Kreuzigung – das größte bis dahin gemalte Tafelbild der deutschen Gotik –, das Schlossmuseum bietet viele kulturgeschichtliche Facetten. Über die Dauerpräsentationen hinaus gibt es immer wieder Sonderausstellungen zu Ethnologie, Kunst- und Kulturgeschichte. Hier werden Themen wie „Das Werden des Landes Oberösterreich", „Fußball. Geschichten und Geschichte" oder „Kunst und Nationalsozialismus in Oberösterreich" aufbereitet. Der Neubau des Südflügels (brannte 1800 ab), in dem man etwa den Bereich Natur und die technik- und wirtschaftsgeschichtliche Entwicklung des Landes thematisieren will, wird 2009 eröffnet und macht das Schlossmuseum zum größten Universalmuseum Österreichs an einem Ort. Geboten werden weiters vielfältige Vermittlungsprogramme, etwa die Traumwerkstatt für Besucher ab 5 Jahren, die auf spielerische Art die Fantasie anregt und das Erlebte vertieft.

11 Augustiner Chorherrenstift Sankt Florian

Meisterwerke des Barock und der Sangeskunst

INFORMATION

Stiftsstraße 1, St. Florian, Tel. 07224/89 02-0, www.stift-st-florian.at

Anreise: A 1, Abfahrt Asten/St. Florian

Öffnungszeiten: Stiftsführungen von Ostern bis Allerheiligen

Zentrum des Wissens: Die beeindruckende Bibliothek mit 150 000 Büchern zeugt nicht nur von großer Geisteskraft, sondern auch von beeindruckender barocker Baukunst.

Eingebettet in die leicht hügelige Landschaft des Traunviertels, zählt das Augustiner Chorherrenstift St. Florian – entstanden am Grabe des Märtyrers und heutigen Landespatrons – zu den Juwelen des Barock. Gleichzeitig stellt das Kloster nahe Linz ein kulturelles Zentrum der Region dar. Als eines der wenigen vollendeten barocken Gebäude Österreichs – erbaut von Carlo Antonio Carlone, Jakob Prandtauer und Gotthard Hayberger – beeindruckt es nicht nur von außen: Im Inneren glänzen die prächtige Stiftsbasilika, der Marmorsaal oder die beeindruckende Bibliothek. Letztere zählt mit 150 000 Büchern zu den größten Österreichs. Ein geführter Rundgang zeigt weiters die Kaiserzimmer, die Bildergalerie mit Werken Albrecht Altdorfers, des bedeutendsten Meisters der Donauschule, und die Gedächtnisräume Anton Bruckners, des „Musikanten Gottes", sowie dessen Sarkophag in der Gruft. Ein besonderes Hörerlebnis bieten Kurzkonzerte an der berühmten Bruckner-Orgel, die 103 Register und 7836 Pfeifen zählt. Nicht nur aufgrund des Wirkens des großen Komponisten Anton Bruckner blickt das Stift auf eine reiche Musiktradition zurück. Auch dessen Werdegang begann bei den Florianer Sängerknaben, die hier seit dem Mittelalter ihre musikalische Ausbildung erhalten, Gottesdienste gestalten und den Ruhm des Klosters heute in die ganze Welt hinaustragen. In einem Teil des Stiftes, der ehemaligen Stiftsmeierei, ist das Feuerwehrmuseum der oberösterreichischen Feuerwehren eingerichtet.

An der Orgel der prächtigen Stiftsbasilika wirkte der „Musiker Gottes", Anton Bruckner. Seinen Sarkophag beherbergt die Gruft der Kirche.

Das Stift St. Florian zählt zu den schönsten barocken Bauwerken des Landes.

12 Burg Wels
Reise in die Vergangenheit

INFORMATION

Burggasse 13, Wels,
Tel. 07242/235-7350,
www.wels.at (› Kunst &
Kultur › Stadtmuseen)

Anreise: A 1, Voralpenkreuz, A 8 oder A 25

Öffnungszeiten:
dienstags bis freitags
10–17 Uhr,
samstags 14–17 Uhr,
sonn- und feiertags
10–16 Uhr

In der mittelalterlichen Burg Wels hielt sich einst Kaiser Maximilian I., als letzter Ritter bekannt, sehr gerne auf.

Wer sich für die Vergangenheit der Stadt Wels und das Leben der Menschen in früheren Jahrhunderten interessiert, ist in der Burg Wels richtig. Schon lange vor dem Jahr 1000 erstmals erwähnt, diente das mittelalterliche Schloss im Südosten der damaligen Stadtmauer zum Schutz des Traunüberganges und als Verwaltungszentrum für Besitzungen, die bis ins Kremstal reichten. Besonders gerne soll Kaiser Maximilian I. seine Zeit in Wels verbracht haben. Dem letzten Ritter, dem hier 1519 sein letztes Stündlein schlug, verdankt die Burg ihr bis heute erhaltenes spätgotisches Gesicht. Nun wohnen zwar keine hohen Herrschaften mehr in der Burg, dafür gibt es das zu bestaunen, was aus deren Zeit übrig blieb: Das Stadtrichter-

schwert, das Freiheitenbuch der Stadt oder das Modell eines Leichenzugs sind wichtige Dokumente zur Stadtgeschichte. Wohnen wie im 19. Jahrhundert, das Leben der Zünfte im Barock, die Kunst des Biedermeiers – jede Zeit wird auf besondere Art und Weise vorgestellt. Die Kolonialwarenhandlung einer Welser Familie aus den 1930er-Jahren lässt den Besucher in die damalige Handelsstadt eintauchen, die Stube des Gasthauses „Zum Jäger" zeigt alte Wirtshauskultur. In der Sammlung zur Landwirtschaftsgeschichte wird das Thema „Bäuerliches Leben" schwerpunktmäßig aufbereitet. Die Burg Wels versteht sich als lebendiges Museum, das auch verschiedenen Veranstaltungen und Feiern (Konzerten, Kindergeburtstagen etc.) einen würdigen Rahmen gibt. Im Minoritenkloster Wels sind die Sammlungen zur Römerzeit und zur Frühgeschichte der Stadt untergebracht.

Heute beherbergt die Burg ein Museum, das das rege Leben in der Stadt in verschiedenen Jahrhunderten veranschaulicht. So kann man hier eine alte Kolonialwarenhandlung besuchen und erfährt, wie die Bauern früher gelebt und gearbeitet haben.

DER KULTUR AUF DER SPUR

Grein
Die Perle des Strudengaus

INFORMATION

Anreise: Grein liegt sechzig Kilometer südöstlich von Linz an der B 3

THEATER: Stadtplatz 7, Grein, Tel. 07268/77 30, www.grein.at, www.museumsland.at/museen/greinst/

Öffnungszeiten: von 2. Mai bis 26. Oktober montags bis samstags 9–12 Uhr und 13.30 bis 17.30 Uhr, sonn- und feiertags 13.30–16 Uhr. Führungen: montags bis samstags um 9, 11, 13.30 und 16 Uhr, sonn- und feiertags um 15 Uhr

SCHLOSS GREINBURG UND SCHIFFFAHRTSMUSEUM: Tel. 07268/70 07-18, www.schloss-greinburg.at

Öffnungszeiten: von 1. Mai bis 26. Oktober (täglich 9–17 Uhr); Führungen werden angeboten

Der Abort fürs Publikum war vom Theatersaal nur durch einen Vorhang getrennt, damit auch der Getriebene bei Bedarf das Geschehen auf der Bühne verfolgen konnte. Und die vorderen Sitze im Saal, die ließen sich von Abonnenten per Schloss versperren. Das gab es anno dazumal im Stadttheater Grein, dem ältesten erhaltenen bürgerlichen Theater Mitteleuropas. 1791 wurde die Bühne in den Getreidespeicher des alten Greiner Rathauses eingebaut. Nicht zuletzt wegen der mit Ölfarben bemalten hölzernen Balkonbrüstungen ist dieses Juwel sehenswert. Doch dieser Ort ist nicht nur zu besichtigen, es wird auch gespielt: im Juli und August von Profis bei den Sommerspielen Grein, im Herbst von der Greiner Dilettantengesellschaft. Zum Verweilen eignet sich das

Der idyllische Ortsplatz von Grein lädt zum Verweilen ein.

in der Nachbarschaft angesiedelte und im Biedermeierstil eingerichtete Kaffeehaus Blumensträußl.

Das seit 1823 im Besitz der Familie Sachsen-Coburg und Gotha befindliche Schloss Greinburg, Österreichs ältestes Wohnschloss (zwischen 1488 und 1493 errichtet), lädt zu einem Rundgang ein. Besonders reizvoll ist die Sala Terrena, das mit gefärbten Donaukieselmosaiken ausgelegte steinerne Theater. Weiters sind der Renaissance-Innenhof mit Arkadengängen, die Coburger Festräume, Rittersaal und Schlosskapelle zu bewundern. Die Geschichte der Schifffahrt samt Ruderschifffahrt und Flößerei auf Donau, Traun und Inn-Enns-Salzach lässt sich im Oberösterreichischen Schifffahrtsmuseum erkunden, das ebenfalls im hoch über der Stadt liegenden Schloss untergebracht ist. Auch Modelle von Dampf- und Motorschiffen werden gezeigt, darunter vom ersten Donaudampfschiff Maria Anna.

Das älteste erhaltene bürgerliche Theater Mitteleuropas: Stadttheater Grein.

Das Schloss Greinburg ist Österreichs ältestes Wohnschloss.

DER KULTUR AUF DER SPUR

14 Kaiservilla Bad Ischl
Fürstliches Hochzeitsgeschenk

INFORMATION

Jainzen 38, Bad Ischl,
Tel. 06132/232 41,
www.kaiservilla.at

Anreise: A 1, Abfahrt
Regau, B 145,
Gmunden, Ebensee

Öffnungszeiten: Jänner
bis März mittwochs
10–16 Uhr, April bis
Oktober täglich 9.30 bis
16.45, an Adventwochenenden
und in
den Weihnachtsferien

Tipp: Jedes Jahr wird
am 18. August der
Kaisergeburtstag in
Bad Ischl mit großen
Umzügen und Festivitäten
feierlich begangen.

Gingen in den vergangenen Jahrhunderten gekrönte Häupter hier ein und aus, so sind es heute Touristen aus aller Welt. Sie wollen in der Kaiservilla in Bad Ischl etwas von Franzl und seiner Sisi spüren, wenn sie durch die herrlichen Räume mit den wunderschönen Gemälden, edlen Sekretären, Tischen, Lampen und Porzellanservicen wandeln. An den Wänden prangen die Jagdtrophäen des Kaisers, der 82 Sommer hier äußerst glücklich verbracht hat und zutiefst verbunden war mit Land und Leuten. Und das nicht nur, weil er Sisi hier kennen- und lieben gelernt hatte. Es war Erzherzogin Sophie, die Mutter von Franz Joseph, die die ehemalige Villa Eltz als

Die Jagd war stets ein Thema im Kaiserhaus.

100 AUSFLÜGE IN OBERÖSTERREICH

Hochzeitsgeschenk für ihren Sohn und seine Elisabeth erwarb. Umfangreiche Bauarbeiten machten aus der Biedermeiervilla ein kaiserliches Schloss in traditionellem Schönbrunnergelb. Der Anbau, der gemeinsam mit dem ursprünglichen Gebäude die Form eines E bildet, soll zu Ehren Elisabeths so gestaltet worden sein. Ganz im Sinne von Sisi ist auch das Cottage, als Marmorschlössl bekannt, das als Spiel- und Teehaus für die Kaiserin erbaut wurde. Der wunderschöne Park bietet sich zum Flanieren an, die Bänke vor der prächtigen Villa samt Springbrunnen aus weißem Marmor laden zum Verweilen in der „guten alten Kaiserzeit" ein. Wer Glück hat, trifft auch heute noch jemanden aus Sisis Verwandtschaft: Markus Habsburg-Lothringen, Urenkel der Kaiserin, lebt samt Familie in dem prachtvollen Anwesen.

Am Springbrunnen aus weißem Marmor tummeln sich himmlische Geschöpfe.

Die Kaiservilla empfängt ihre Gäste in traditionellem Schönbrunnergelb. Im schönen Park, im Schloss und seinen Nebengebäuden wandelt man auf den Spuren von Kaiser Franz Joseph und Sisi.

Museen in Mondsee
Vier auf einen Streich

INFORMATION

www.mondseeland.org/museen.html

Anreise: A 1, Abfahrt Mondsee

HEIMAT- UND PFAHLBAUMUSEUM:
Marschall-Wrede-Platz 1, Mondsee,
Tel. 06232/28 95

Öffnungszeiten: Mai bis September dienstags bis sonntags, Oktober samstags, sonn- und feiertags

SALZKAMMERGUT-LOKALBAHN-MUSEUM:
Seebadstraße 2, Mondsee, Tel. 06232/42 70

Öffnungszeiten: Mitte Mai bis Mitte September samstags, sonn- und feiertags 10–12 Uhr und 14–17 Uhr, Juli bis Anfang September zusätzlich freitags 14–17 Uhr

FREILICHTMUSEUM MONDSEER RAUCHHAUS: Hilfbergstraße 5, Mondsee,
Tel. 06232/42 70
Öffnungszeiten: Mai bis Oktober

TOURISMUSVERBAND MONDSEELAND:
Tel. 06232/22 70,
www.mondsee.at

Ein Besuch in Mondsee lohnt nicht nur wegen der Schönheit der Landschaft und des Ortes, wovon sich jeder überzeugen kann, der sich für die Geschichte des Landes und seiner Leute interessiert. Am weitesten zurück blickt man dabei im Pfahlbaumuseum: Hier gibt es nicht nur Wissenswertes über die Pfahlbaudörfer, die vor 5000 Jahren im Salzkammergut bestanden. Die Forscher fanden in der Gegend auch Werkzeug und Gefäße aus Keramik, die zeigen, dass Ästhetik schon damals eine Rolle spielte. Das Pfahlbaumuseum teilt sich die Räumlichkeiten im ehemaligen Mondseer Kloster mit dem Heimatmuseum „Mondseeland", das der Geschichte des 748 n. Chr. gegründeten Klosters und seiner berühmten Schreibschu-

Beherrscht den Stadtplatz von Mondsee und beherbergt Historisches: das ehemalige Kloster samt Pfarrkirche St. Michael.

le nachgeht. Hier wirkte der berühmte Barockbildhauer Meinrad Guggenbichler, zu dem eine Sonderausstellung führt.

Etwas oberhalb von Mondsee – auf einem Hang gelegen – findet man ein schönes altes Beispiel bäuerlicher Kultur: Das Freilichtmuseum Rauchhaus, ein typischer Bauernhof des Mondseelandes, wurde 1416 erstmals erwähnt. Das Haus vereint Wohnhaus, Stall und Stadel unter einem Dach – und es hat keinen Rauchfang: Der Rauch zog frei durch das Dach ab und sorgte so dafür, dass das im oberen Stock gelagerte Getreide trocknete. Auch der Mondseer Einbaum ist zu bestaunen, eine typische Bootsform, mit der heute noch einige Berufsfischer ihre Arbeit tun.

Ein erwähnenswertes Kuriosum stellt das Salzkammergut-Lokalbahn-Museum dar, das der gleichnamigen, viel besungenen Schmalspurbahn ein anschauliches Denkmal setzt: mit originalem Heizhaus, Lokomotiven und Waggons.

Was Forscher in und um Mondsee aus längst vergangenen Tagen entdeckt haben, wird in den Schauräumen des Pfahlbaumuseums gezeigt.

Da dampft es gewaltig im Salzkammergut-Lokalbahn-Museum.

Museum Arbeitswelt
Industrielle Revolution

INFORMATION

Wehrgrabengasse 7,
Steyr,
Tel. 07252/773 51-0,
www.museum-steyr.at

Anreise: A 1, Abfahrt Enns/Steyr, B 309

Öffnungszeiten:
täglich außer montags
9–17 Uhr

England galt im 18. Jahrhundert als Ausgangspunkt der Industrialisierung und im 19. Jahrhundert gar als „Werkstatt der Welt". In der Folge konnte diese Spitzenstellung nicht gehalten werden, federführend war man aber wieder bei den Reminiszenzen an diese Zeit. Die Ende der 1970er-Jahre in England entstandenen Industriemuseen dienten auch dem Steyrer Museum Arbeitswelt als Vorbild. Dessen Gründung geht auf die Landesausstellung „Arbeit/Mensch/Maschine" im Jahr 1987 zurück. Seither wurden in dem ansprechend adaptierten Fabriksgebäude aus der Mitte des 19. Jahrhunderts immer wieder Projekte zu wichtigen Themen verwirklicht, unter anderem „Die Roboter kommen" (1988), „Metallerleben" (1990), „Netzwerk" (1995), „Women at work" (2002), „Migration" (2003) und „Die Erweiterung der EU" (2004). Diese Schwerpunkte zeigen, dass es dieser Einrichtung um eine aktive Auseinandersetzung mit den Aspekten der Arbeitswelt geht. Und so werden neben dem

Das gelungen adaptierte Fabriksgebäude dient als Ort packender Auseinandersetzungen mit dem Thema Arbeit.

Aufarbeiten historischer Ereignisse immer wieder brisante Entwicklungen aufgegriffen, etwa das „Arbeiten und Leben in der Globalisierung" (2006) samt Videos, Fotos, Textanimationen, Rauminstallationen und künstlerischen Interventionen. Das an der Steyr gelegene Museum legt besonderen Wert auf seine Kulturvermittlungsprogramme, die einen kreativen Umgang mit Gegenwart und Zukunft fördern. Diese Tätigkeit orientiert sich an den Prinzipien der Toleranz und Demokratie, die bildungspolitisch vor allem der Jugend Orientierung sein sollen.

Museum Hallstatt
Expedition durch 7000 Jahre Erbe

INFORMATION

Seestraße 56, Hallstatt,
Tel.: 06134/82 80 15,
www.museum-hallstatt.at

Anreise: A 1, Abfahrt Regau, B 145, oder Abfahrt Thalgau, B 158, nach Bad Goisern, B 166

Öffnungszeiten: von Jänner bis März und im November und Dezember 11–15 Uhr (Ruhetage: Montag und Dienstag); im April täglich 10–16 Uhr, Mai bis Oktober täglich 9–18 Uhr

Schon in der Steinzeit führte das weiße Gold Menschen ins Salzkammergut. 7000 Jahre Geschichte lassen sich in Hallstatt erkunden, das ob der Funde im Salzbergwerk und im Gräberfeld aus der älteren Eisenzeit einer Kulturepoche (850 bis 500 v. Chr.) den Namen gab: der Hallstattzeit. Erste umfangreiche Sammlungen stellte Friedrich Simony zusammen, der auch als Begründer des Hallstätter Museums (1844) bezeichnet wird. Der Musealverein wurde 1884 gegründet, das Museum 1888 eröffnet. Seit 2002 präsentiert sich das Haus samt archäologischem Erbe und Geschichte der Salzgewinnung mit modernen Multimediatechniken. Gegliedert hat man die Schau in 26 thematische Schwer-

punkte, die von jungsteinzeitlichen Entwicklungen (Steinbeile u. a.) über den prähistorischen Salzbergbau (Gegenstände aus Holz, Fell, Leder etc.) zu den Kelten und Römern, ins Mittelalter, in die Neuzeit und Gegenwart führen. Das Forschungsinteresse bezüglich Hallstattkultur (Ramsauer, Engl, Simony und Morton) wird gewürdigt und den Funden des Gräberfeldes (im Salzbergtal) Raum gegeben. Die Geschichte des Weltkulturerbes Hallstatt wird adäquat aufbereitet – volkskundliche Aspekte, Handwerk und Arbeit, der Naturlebensraum, die Entwicklung der protestantischen Glaubensgemeinschaft. Es geht aber nicht nur um theoretische Auseinandersetzungen. Im Epochenatelier kann man sich auf praktische Weise an sieben Stationen mit diversen Facetten beschäftigen. Von besonderem Interesse für junge Menschen ist die Museumsrallye, bei der quasi selbst geforscht werden kann.

Im Museum Hallstatt lässt sich Geschichte auch erfühlen.

Die Erkundungsreise durchs Museum beinhaltet 26 thematische Schwerpunkte.

Stift Kremsmünster und Stift Schlierbach

Sternderlschauen, Käse und andere Entdeckungen

INFORMATION

STIFT KREMSMÜNSTER:
Tel. 07583/52 75-0,
www.stift-
kremsmuenster.at

Anreise: A 1, Abfahrt
Voralpenkreuz/Sattledt

Öffnungszeiten:
Führungen durch die
Kunstsammlungen sind
365 Tage im Jahr möglich. Führungen durch
die naturwissenschaftlichen Sammlungen
(Sternwarte) von 1. Mai
bis 31. Oktober täglich
10 und 14 Uhr, während
der Sommerferien
zusätzlich 16 Uhr

Dass Klöster immer schon Zentren des Wissens waren, dokumentiert die Bibliothek des Stiftes Schlierbach anschaulich.

Seit das Stift Kremsmünster 777 vom Bayernherzog Tassilo III. gegründet wurde – er stiftete den berühmten gleichnamigen Kelch –, haben die Benediktiner immer wieder nach den Sternen gegriffen: in Seelsorge, Arbeit und Wissenschaft. Im „Wetterkammerl" wurden seit dem 18. Jahrhundert meteorologische Beobachtungen angestellt und in der 1758 errichteten Sternwarte Astronomie, Physik und Mathematik studiert. Hier begegnet man Fernrohren, einem Saurier und einem Höhlenbärenskelett. Die naturwissenschaftliche Forschung der letzten 250 Jahre wird anschaulich dargestellt. Davon zeugt auch die prachtvolle Stiftsbibliothek, eine der größten in Österreich. Das

Interesse der Kremsmünsterer gilt zudem den schönen Künsten und weltlichen Genüssen: Dafür stehen die Kunstsammlung und die bekannte Weinkellerei. Ein Schatzkästchen ist die wunderschöne Stiftskirche. Stärkung bietet die Stiftsschank, Schönes der Klosterladen.

„Käse" ist bei vielen einer der ersten Gedanken, der auftaucht, wenn man den Namen Schlierbach hört. Die Zisterzienser vom Stift Schlierbach sind fürwahr Spezialisten in Sachen Genuss. In der Schaukäserei und beim Schaukochen im Genusszentrum des Stiftes kann sich der Besucher davon überzeugen. Ein weiteres weltliches Standbein des Klosters ist die Glaskunst. In der Werkstätte werden Entwürfe von Künstlern umgesetzt, die auf den Spuren Margret Bilgers wandeln, die viele wunderbare Kirchenfenster schuf. Nicht minder beeindruckend: das Herz des Klosters, die prächtige Barockkirche, der Bernardisaal, die Bibliothek, der Kreuzgang oder die Schlierbacher Madonna.

> **INFORMATION**
>
> **STIFT SCHLIERBACH:**
> Tel. 07582/830 13-0,
> www.stift-schlierbach.at
>
> **Anreise:** A 1, Voralpenkreuz, A 9 Richtung Graz, Abfahrt Kirchdorf/Krems
>
> **Öffnungszeiten:** ganzjährig geöffnet (von November bis zur Karwoche samstagnachmittags, sonn- und feiertags geschlossen)

Von der Sternwarte (links im Bild) des Stiftes Kremsmünster aus haben die Mönche schon vor Jahrhunderten den Himmel beobachtet.

Stift Schlägl
Flüssiges Gold und andere Schätze

INFORMATION

Tel. 07281/88 01-0,
www.stift-schlaegl.at

Anreise: B 127 über Rohrbach nach Aigen-Schlägl

Öffnungszeiten: Mai bis Oktober dienstags bis sonntags 10–12 Uhr und 13–17 Uhr

Brauten die Mönche einst ihr Bier, um sich in der Fastenzeit damit zu stärken, so ist das flüssige Gold in der einzigen noch bestehenden Stiftsbrauerei Österreichs heute ein Genuss für jedermann zu jeder Zeit. Die Rezeptur bleibt jedoch ein streng gehütetes Geheimnis: Die Rede ist vom weithin bekannten Stift Schlägl im Oberen Mühlviertel. 1218 haben sich hier Prämonstratenser Chorherren angesiedelt.

Der Ursprung der Brautradition geht auf das Jahr 1580 zurück. Die Ordensmänner hüten aber nicht nur Hopfensaft und Rezepturen, sondern auch andere Schätze, die sie Besuchern gerne zeigen: die schöne Barockkirche, die 60 000 Bände umfassende neubarocke Bibliothek, eine wertvolle Gemäldesammlung mit gotischen Tafelbildern und eine einzigartige Porträtsammlung fast aller Mitbrüder ab 1802.

Aus der Anfangszeit sind die romanische und die gotische Krypta der Kirche erhalten. Von den drei Orgeln gehört die Putz-Orgel

Schon das Tor zum Stift Schlägl lässt Schätze im Inneren erahnen.

aus dem Jahre 1634 zu den bedeutendsten in Österreich. Die Schlägler Orgelkonzerte erfreuen sich großen Zuspruchs.

Im Stift und der dazugehörenden Meierei samt Museum „Kultur.Gut" werden Ausstellungen zu kirchlichen und regionalen Themen gezeigt.

Oberhalb des Stiftes lädt der Stiftergarten – benannt nach Adalbert Stifter – zum Besuch. Zurück zum leiblichen Wohl: Im urigen Stiftskeller sorgen nicht nur verschiedene Biersorten aus weichem Granitquellwasser, Hopfen und Malz für bierigen Genuss, die meisten köstlichen „Gewölbespeisen" weisen ebenfalls dessen Geschmack auf. Zum Kloster gehört außerdem eine Stiftsgärtnerei.

Eine beeindruckende Aneinanderreihung von gebündeltem Wissen, umrahmt von wundervoller Architektur, macht die Stiftsbibliothek Schlägl zum Erlebnis.

20 Trattenbacher Museumsdorf

Ein oberösterreichisches Original wieder entdecken

INFORMATION

Infozentrum Trattenbach: Hammerstraße 2a, Trattenbach,
Tel. 07256/73 76,
www.ooemuseums
verbund.at/de_
museum_188.html

Anreise: A 1, Abfahrt Enns/Steyr, B 309 nach Steyr, B 115

Öffnungszeiten: Mai bis Oktober mittwochs bis sonntags 9–16 Uhr, freitags nur 9–13 Uhr

Eingebettet ins Trattenbachtal liegt die Wiege der Taschenfeitelproduktion, die als Museumsdorf wieder zum Leben erweckt wurde.

Früher trug ihn hierzulande jeder Mann als unentbehrliches Werkzeug stets bei sich. Die Rede ist vom berühmten Taschenfeitel, dem einfachen Taschen- oder Klappmesser. Die Wiege der Taschenfeitelproduktion ist das Trattenbachtal im oberösterreichischen Teil des Ennstales. Im Zuge der Landesausstellung 1998 blühte Trattenbach zum lebendigen Museumsdorf auf. Im Tal wurden die Traditionsmesser schon im Mittelalter hergestellt. Zur Erzeugung des typischen Messers, auch Zaukerl genannt, bedurfte es damals 40 Arbeitsschritte. Jede Familie hütete die Fertigkeiten und Produktionsschritte dafür wie ihren Augapfel und gab sie von Generation zu Generation weiter. Die Messer wurden weithin bekannt und sicherten den Menschen eine gute Existenz. Die Handarbeit fiel der Industrialisierung zum Opfer, übrig geblieben ist bis heute eine einzige Familie, die noch immer ihre

Hier gibt es überdimensionale Taschenfeitel ebenso zu bestaunen wie Geräte zur Anfertigung der Originale in Schaubetrieben.

Taschenfeitel herstellt. Heute kann man die Geschichte des weltbekannten Taschenfeitels im Museumsdorf studieren, Sammlungen von Taschenfeiteln bestaunen und Kundigen in alten Schaubetrieben bei der Arbeit über die Schulter schauen. Dazu zählen die Manufaktur Löschenkohl, das Museum in der Wegscheid, die Schleiferei und der Hammer, die Drechslerei, in der die Griffe gefertigt werden. Rund 1,5 Kilometer führt der Weg entlang des Baches von Werkstatt zu Werkstatt, auch eine Wasserspiellandschaft liegt am Weg, sie ist besonders bei den kleinen Gästen beliebt. Die Jausenstation „Drahthütt'n" sorgt für das leibliche Wohl. Die Besucher dürfen selbst an einem Taschenfeitel mitarbeiten. Alles wird dabei aber wohl nicht verraten …

In der Drechslerei kann man bei der Herstellung der Griffe zusehen.

Entlang des Trattenbaches führt der Weg in herrlicher Landschaft von Werkstatt zu Werkstatt.

21 Dachsteinhöhlen
Rieseneis-, Mammut- und Koppenbrüllerhöhle

INFORMATION

Tel. 06131/531-0, www.dachsteinwelterbe.at

Anreise: über Bad Ischl und Bad Goisern nach Obertraun, auch mit ÖBB-Welterbeticket

Ausgangspunkt: Obertraun, Talstation Dachstein-Krippenstein-Seilbahn

Öffnungszeiten: Anfang Mai bis Ende Oktober

Einkehrtipp: Gasthaus Koppenrast mit schönem Gastgarten, Ausgangspunkt zur Koppenbrüllerhöhle

Die faszinierende Welt von gleich drei Höhlen wartet auf entdeckungsfreudige Naturforscher in der Welterberegion Inneres Salzkammergut. In Kooperation mit der Kunstuniversität Linz wurde die einzigartige Landschaft rund um den Krippenstein mit einem künstlerischen und touristischen Gesamtkonzept neu inszeniert. So gibt es in den Höhlen nicht nur die von der Natur geschaffenen Kunstwerke zu bewundern, sondern auch künstlerische Installationen. Diese sorgen für zusätzliche Spannung und führen die Besucher zu neuen Blickwinkeln. Zwei der drei Höhlen liegen nahe der Bergstation der ersten Teilstrecke der Seilbahn auf der 1350 Meter hoch gelegenen Schönbergalm. Diese kann man auch auf einem schönen

Faszinierende Höhlenwelt am Dachstein, links der eindrucksvolle Eingang zur Koppenbrüllerhöhle.

Gut beschildert sind die Wege in Obertraun und so manche interessante Entdeckung kann man dabei machen.

Steig in 1½ Stunden zu Fuß erreichen. Hier findet man neben einem Erlebnisrestaurant ein kleines Höhlenmuseum. In eine Welt aus Eis taucht man ein beim etwa einstündigen Rundgang durch die Rieseneishöhle. Der Eispalast, der Große Eisberg, die Große Eiskapelle sind nur einige der Attraktionen dieser Höhle, die durch Sickerwasser im Karstgestein entstanden ist. Der Name der ganz in der Nähe liegenden Mammuthöhle wurde wegen der gewaltigen Räume und Gänge gewählt. Ein Kilometer ist erschlossen, weitere 60 Kilometer sind erforscht. Am Ende des wildromantischen Koppentals findet man die Koppenbrüllerhöhle mit ihren unterirdischen Wasserwegen und der Karstquelle am Eingang. Alle drei Höhlen sind nur mit Führern zu begehen; für mutige große und kleine Höhlenforscher werden Abenteuerführungen mit Helm, Overall und Stirnlampe angeboten.

Dr.-Vogelgesang-Klamm

Tosendes Wasser in dunkler Schlucht

INFORMATION

www.spital-pyhrn.at,
www.pyhrn-priel.net

Anreise: A 9, Abfahrt Spital am Pyhrn

Ausgangspunkt: Parkplatz am Klammeingang

Öffnungszeiten: von Mai bis Ende Oktober

Einkehrtipp: Bosruckhütte am Ende der Schlucht, Rohrauerhaus am Pyhrgasgatterl

Ohrenbetäubend braust und saust das Wasser die Felsen hinab. Kreisrunde Kessel und Gumpen hat es mit seiner unbändigen Kraft im Laufe der Jahrtausende in die Felsen modelliert. Mehr als 500 Stufen steigt man über Treppen, Leitern, auf Stegen und natürlichen Wegen durch diese eindrucksvolle Felsschlucht empor. Seit 1927 ist die zweitlängste Klamm Österreichs begehbar und die einzige mit einem Doktortitel. Der damalige Gemeindearzt Dr. Vogelgesang setzte sich sehr für die Begehbarmachung ein. Ein erster Versuch 1906 wurde bereits 1908 durch ein Hochwasser wieder zerstört. Wieso sich gerade hier das Wasser seinen

Eindrucksvoll ist der Gang durch die tosende Schlucht.

Weg durch den Fels bahnen konnte, wird von Geologen mit einem Riss im Berg erklärt. In den steilen Felswänden und Ritzen haben sich, durch das feuchte Mikroklima begünstigt, zahlreiche Pflanzen angesiedelt und erstrahlen um die Mittagszeit in magischem Licht. Etwa eine Stunde dauert der Weg durch die 1,5 Kilometer lange Klamm hinauf zur Straße, 20 Minuten später erreicht man die gastliche Bosruckhütte. Wer sich auf eine ausgedehnte Runde begeben möchte, wandert in etwa einer Stunde hinauf zum Rohrauerhaus mit dem nahe gelegenen Pyhrgasgatterl. Auf Almwiesen unterhalb des Großen Pyhrgas gelangt man hinüber zum Hofalmsattel, weiter zur Hofalm und hinunter zum Ausgangspunkt. Die Gesamtgehzeit für diese Runde ist ca. 5 Stunden. Man kann aber schon vor dem Hofalmsattel wieder den Weg hinab zur Bosruckhütte einschlagen und das eindrucksvolle Klammschauspiel im Abstieg noch einmal erleben.

Sonnige Rast bei der Bosruckhütte unterm Großen Pyhrgas.

23

Heidenstein bei Eibenstein

Auf dem Chakraweg zum Kraftplatz

INFORMATION

www.heidenstein.at,
www.gh-pils.at

Anreise: von Freistadt oder Bad Leonfelden über Reichenthal nach Eibenstein

Ausgangspunkt: GH Pils in Eibenstein, Tel. 07949/62 34

Einkehrtipp: Hendlstation GH Pils

Kraft tanken beim Heidenstein.

„Fühle, spüre, atme die Sanftheit und Stille. Sie liegt auf diesem Weg." Mit diesem Leitspruch wird man am Beginn des Chakra-Wanderweges empfangen. Sieben Energiezentren befinden sich im menschlichen Körper, sieben Stationen mit Schautafeln und originellen Sitzplätzen findet man auf dem 2,2 Kilometer langen Weg. Dieser beginnt im Ortszentrum von Eibenstein beim GH Pils und endet am höchsten Punkt des Ortes, beim wuchtigen Granitgebilde des im Wald liegenden Heidensteins. Dieser jahrhundertealte Ort der Kraft wurde schon von den Kelten und Germanen als Kult-, Gerichts- und Feierstätte genutzt. Er hat eine Nord-Süd-Ausrichtung und liegt genau

zwischen dem Viehberg bei Sandl und dem Sternstein bei Bad Leonfelden. Die drei stets wassergefüllten Opferschalen auf dem Heidenstein trocknen nie aus, da das Wasser angeblich aus einer unterirdischen Quelle im Stein hochsteigt. Zu ihnen führen Stufen hinauf, die bereits im 12. Jahrhundert in den Stein gemeißelt wurden und als Fundamente für die Mauern einer Kirche dienen sollten. Aber der Heidenstein blieb einer der wenigen Kraftorte, die in ihrer ursprünglichen Form erhalten sind. Vielfältig ist das Angebot an Veranstaltungen rund um diesen Kraftplatz, es reicht von Literatur über Energie erleben, Asterix im Mühlviertel bis zum traditionellen Adventsingen. Auch die herkömmliche Form des Energietankens, Essen und Trinken, kommt beim traditionellen Stoahendlessen im GH Pils nicht zu kurz. Dieses sollten Sie allerdings vorbestellen.

Orientierungsstein beim GH Pils.

Immer wieder laden Energieplätze zum Verweilen ein.

Ibmer Moor
Moorrundweg im Pfeiferanger

Am besten beide Wege gehen.

Immer schön auf dem Weg bleiben!

Moore sind eine hoch komplizierte geologische Angelegenheit. Aber keine Angst, so trocken, wie es auf den ersten Blick scheint, ist diese Materie nicht! Ganz im Gegenteil. Denn es macht großen Spaß, sich bei einem Rundgang durch die 1987 unter Naturschutz gestellten Teile des Ibmer Moors mit der Entstehung dieser einzigartigen Landschaft vertraut zu machen. Einst reichten die Gletscher der letzten Eiszeit bis hierher und so entstand durch verlandende Seen nach und nach eine riesige Hochmoorlandschaft. Schon der kleine Moorlehrpfad durch den Pfeiferanger vermittelt detaillierte Informationen über Flora und Fauna. Ausgangspunkt ist ein Parkplatz auf der schnurgeraden Straße zwischen Hacken-

buch und Ibm. Auf Holzstegen wandert man etwa eine Stunde durch diese Moorlandschaft, die mittlerweile nur mehr 20 Prozent der ursprünglichen Moorfläche ausmacht. Der große Moorlehrpfad führt tiefer in das Naturschutzgebiet hinein bis zum schilfumrankten Seeleitensee. Schautafeln, eine Aussichtsplattform, eine Torfhütte und ein Rastplatz, bei dem man in einem der Tümpel im Moor baden kann, sind die abwechslungsreichen Stationen auf dem Weg. Einige Badeseen in der Umgebung sind heute viel genutzte Freizeiteinrichtungen (Ausflug Nr. 57). Ebenfalls eine Besonderheit in dieser einzigartigen Landschaft sind die Moorbauernhöfe, wo man die heilende Wirkung des Moores bei einem Bad genießen kann. In ihrer Gesamtausdehnung erleben kann man diese abwechslungsreiche Landschaft mit einer Radtour auf dem 36 Kilometer langen Ibmer Moorradweg.

INFORMATION

Tel. 07748/22 55,
www.eggelsberg.at;
Tel. 0664/394 63 69,
www.seelentium.at

Anreise: A 1, Abfahrt Mondsee oder Thalgau, von Braunau und Ried über Mattighofen

Ausgangspunkt: Ibm bei Eggelsberg

Tiefenmessung beim Moorbadetümpel am Rundweg durch das Moor.

SCHAUSPIELE DER NATUR

25

Im Echerntal
Wildes Wasser im Gletschergarten

INFORMATION

www.hallstatt.net,
www.inneres-
salzkammergut.at

Anreise: A 1, Abfahrt Regau, B 145, oder Abfahrt Thalgau, B 158, nach Bad Goisern, B 166

Ausgangspunkt: Hallstatt Lahn, Bushaltestelle nach dem Tunnel

Einkehrtipp: GH Hirlatz im Echerntal

Wir sind unterwegs zurück in die Eiszeit. Hallstatt ist an sich schon ein historischer Boden und seine Geschichte reicht mehr als 7000 Jahre zurück. Die Gletscher, die einst das Echerntal formten, führen uns jedoch 200 Millionen Jahre zurück. Von den steilen Felswänden der Hirlatzwand eingeengt, hat sich der Waldbach mit unbändiger Kraft seinen Weg hinaus in den Hallstättersee gebahnt. Ein einfacher Wanderweg führt vorbei am Kreuzstein geradeaus hinein zum Aussichtsplatz bei den tosenden Waldbachstrub-Wasserfällen. Kurz vorher zweigt der gut gesicherte Gangsteig ab, der über Stufen zur Forststraße hinaufführt. Auf dieser erreicht man – sich links haltend – die Brücke hoch über dem Waldbach und kann so einen Teil des wilden Schauspiels von oben betrachten. Von

Hallstatt: zu jeder Jahreszeit beeindruckend.

Mit unbändiger Kraft braust das Wasser durch die wilden Schluchten des Waldbachs.

Unterwegs auf dem gut gesicherten Gangstein hinauf zur Forststraße.

hier hat man einen eindrucksvollen Blick über das Echerntal hinaus zum Hallstättersee. Aber es gibt noch mehr zu entdecken in diesem Tal. Dazu wandert man auf der Forststraße durch einen Tunnel weiter abwärts und steigt nach der Dürrenbachbrücke zum Gletschergarten hinab. Gletschermühlen nennt man die vom Schmelzwasser ausgewaschenen tiefen Löcher, die es hier zu bewundern gibt. Den Gletschergarten erreicht man auch vom Aussichtsplatz beim Wasserfall aus. Im 19. Jahrhundert wurde diese wilde Naturlandschaft von Malern und Literaten entdeckt. Damals wurde ein kleiner Pavillon mit einer Gedenktafel für die Errichter des Reitweges auf den Dachstein erbaut. Heute befindet sich unweit des nicht mehr existierenden Pavillons das Simonydenkmal.

26 Nationalpark Kalkalpen
Zwischen Sengsen- und Hintergebirge

INFORMATION

Nationalpark Besucherzentrum Ennstal in Reichraming,
Tel. 07254/84 14-0,
Nationalpark Zentrum Molln, 07584/36 51,
www.kalkalpen.at

Anreise: über Steyr ins Ennstal nach Reichraming; über Bad Hall und Grünburg nach Molln

Ausgangspunkt: Besucherzentren in Reichraming und Molln

210 Quadratkilometer geschützte Natur umfasst der erste oberösterreichische Nationalpark, der nach langjährigem Betreiben von Natur- und Umweltvereinigungen schließlich 1997 realisiert wurde. Seither wird diese einsame Wald- und Bergregion, die vom Reichraminger Hintergebirge im Osten bis zum Sengsengebirge im Westen reicht, wieder zu der Wildnis, die sie ursprünglich einmal war. In den Kernzonen des Nationalparks findet keine Bewirtschaftung mehr statt, Forststraßen werden aufgelassen und die Tier- und Pflanzenwelt holt sich ihren Lebensraum zurück. So haben sich Luchs, Fischotter, Bär, Gämse, Feuersalamander und der imposante Steinadler wieder vermehrt angesiedelt.

Vom Gipfel der Hohen Nock schweifen die Blicke über die Nationalparkregion mit ihren kleinen und großen Naturwundern.

Auch seltene Pflanzen wie der Riesenschachtelhalm und Orchideen sind zu finden. Die Besucher und Benutzer des Parks erwarten vielfältige Möglichkeiten und Angebote. Ob alleine oder in der Gruppe, geführte Touren werden zu Themen wie Vogelkunde, Bach- oder Schluchterlebnis, Flusswandern, Kutschenfahrten, Schneeschuhtouren, Wildbeobachtung und Kanutouren angeboten. Natürlich kann man auf den markierten Wanderwegen außerdem auf eigene Faust dieses Gebiet erkunden. Möglichkeiten gibt es genug: bei Almwanderungen zu den bewirtschafteten Almen im Hintergebirge (Ausflug Nr. 72), bei ausgedehnten Gipfeltouren im Sengsengebirge oder auf einem der Themenwege. Zahlreich sind auch die Rad- und Mountainbikerouten, die beschildert wurden. Eine davon führt auf den Spuren der Waldbahn hinein ins Herz des Hintergebirges (Ausflug Nr. 86).

27 Naturpark Mühlviertel

Steinreiches Kulturland um Rechberg

> **INFORMATION**
> Tel. 07264/46 55-18 oder -25,
> www.naturpark-rechberg.at
>
> **Anreise:** von Perg nach Rechberg
>
> **Ausgangspunkt:** Ortszentrum Rechberg

Massige 54 Tonnen wiegt der Schwammerling. Das war einst jenen französischen Soldaten zu viel, die versuchten, ihn von seinem Platz herabzustürzen. Seitdem ist er zwar kein Wackelstein mehr, jedoch nicht weniger beeindruckend. Dies ist eine der Geschichten, die sich rund um den 1996 eingerichteten Naturpark ranken. Inzwischen erstreckt sich dieses Landschaftsschutzgebiet über die vier Gemeinden Rechberg, Allerheiligen, Bad Zell und St. Thomas am Blasenstein. Außergewöhnliche Gesteinsformationen, Felsblöcke und Wackelsteine liegen wie schlafende Riesen im bäuerlichen Kulturland. Auch die Bauweise der Bauernhöfe ist von diesem Gestein geprägt. Besonders eindrucksvoll kann man

Auf Mountainbiketour bei Rechberg.

64 | 100 AUSFLÜGE IN OBERÖSTERREICH

das am vierhundert Jahre alten strohgedeckten Großdöllnerhof sehen, der als Veranstaltungszentrum und Museum im Zentrum des Naturparks steht. Gleich daneben befindet sich ein Steinlehrpfad, der Gesteinsarten vom Alpenvorland bis zu den Kalkalpen präsentiert. Von der nahe gelegenen Karl-Weichselbaumer-Aussichtswarte hat man einen schier grenzenlosen Blick über das waldreiche Land. Neben einer anspruchsvollen Mountainbikestrecke erschließen gut markierte Wanderwege das Naturparkgebiet. Bei Wegstrecken zwischen einer und vier Stunden erwandert man sich die Highlights dieser einzigartigen Landschaft. Wer lieber organisiert unterwegs ist, der schließt sich einer themenbezogenen Erlebnisführung an. Zum Abschluss ist nach all diesen Aktivitäten der Badesee unweit des Zentrums von Rechberg Treffpunkt für Badegäste im Sommer und für Eisläufer im Winter.

Rast beim Schalenstein.

Blumen und Kräuter im Bauerngarten des Museums Großdöllnerhof.

SCHAUSPIELE DER NATUR

Pesenbachtal
Am Wildbach zum Kerzenstein

Gut beschildert führt der Weg am Pesenbach entlang zum Kerzenstein.

Einem Gebirgsbach ähnlich gebärdet sich der Pesenbach auf dem Weg durch die Granitbarrieren des Mühlviertels hinunter in das flache Schwemmland an der Donau. Entstanden ist dadurch eine herrliche Schlucht mit interessanten Plätzen und Sagen. So soll etwa beim Teufelsboding, dem wildesten Teil des Baches, der Beelzebub besonders gern baden und unachtsame Menschen in die Tiefe ziehen. Also Vorsicht! Aber nicht nur der Pesenbach selbst, auch die ihn umgebende Flora ist einen Ausflug wert. Im Frühling gibt es riesige Teppiche von weißen Anemonen und blauen Leberblümchen. Mit den gelben Blüten der Sumpfdotterblume ergibt dies eine wahre Augenweide. Eindrucksvoll erlebt man diese wilde Natur bei

Idyllisch liegt die Brunoquelle am Weg.

einer Wanderung den Pesenbach entlang bis zur zwölf Meter hohen Granitsäule des Kerzensteins. Über gut gesicherte Stiegen und Stege führt der Weg bei dieser dreistündigen Wanderung in stetem Auf und Ab höher. Man kommt vorbei an der Blauen Gasse, dem Teufelsboding und dem Steinernen Dachl, bis man bei einer Brücke die Abzweigung zum Kerzenstein erreicht hat. In Serpentinen führt der Weg durch den Wald bergauf bis zum wunderschön gelegenen Bauernhof Fürstberger. Jetzt folgt ein etwa zwei Kilometer langer Abschnitt auf der Asphaltstraße bis zum Gasthaus Schlagerwirt. Vorbei am kleinen Kinderspielplatz steigt man wieder hinab zum Pesenbach. Auf einer Brücke überquert man den Bach und auf einem breiten Promenadenweg vorbei an der Brunoquelle mit Kapelle und der Juliusquelle erreicht man die Liegewiesen des Waldbades in Bad Mühllacken.

INFORMATION

www.wandern.at

Anreise: über Ottensheim oder Aschach nach Bad Mühllacken

Ausgangspunkt: Ortszentrum in Bad Mühllacken

Einkehrtipp: Mostbauer Fürstberger (nur Wochenende), GH Schlagerwirt

29 Schwarzenbergischer Schwemmkanal
Frühes Wunder der Technik

INFORMATION

Tel. 07281/200 65,
www.boehmerwald.at

Anreise: über Rohrbach nach Aigen-Schlägl oder St. Oswald

Ausgangspunkt:
St. Oswald, Schöneben, Oberhaag, Holzschlag

Einkehrtipp:
Jausenstation Blauer Hirsch in Sonnenwald (Aigen-Schlägl, Tel. 07288/22 50) direkt neben dem Kanal

Für lange Zeit schlummerte der 52 Kilometer lange Schwarzenbergische Schwemmkanal einsam und vergessen unter dem grünen Dach des Böhmerwaldes. Nach der Grenzöffnung ist der Kanal einer der Hauptanziehungspunkte im Nationalpark Sumava geworden. Erbaut wurde der Schwemmkanal zwischen 1793 und 1824 in zwei Abschnitten nach den Plänen von Josef Rosenauer, einem Forstingenieur des Fürsten Schwarzenberg. Er diente zum Transport des Brennholzes aus den böhmischen Wäldern zur Großen Mühl und weiter zur Donau und nach Wien. Eine Besonderheit ist die Überwindung der kontinentalen Wasserscheide. Die Bäche, die den Kanal speisen, fließen nämlich alle Richtung Moldau. Mit dem damals mit 419 Metern längsten Tunnel Mitteleuropas in Jeleni wurde sogar eine kleine Bergkuppe überwunden. Der Plöckensteinersee, drei Stauweiher sowie 27 Bäche versorgten den Kanal mit Wasser. Fast 100 Jahre war der Schwemmkanal in Betrieb, bevor durch die Umstellung auf Kohle und neue Transportmittel das Aus kam. Entlang des gesamten Schwemmkanals gibt es einen Begleitweg, der sich ideal für Radtouren eignet. Höhepunkte sind neben den Schleusen und Wehren die gotischen Tunnelportale in Jeleni. Dort gibt es neben einer Jausenstation auch ein kleines Kanalmuseum. Am einfachsten erreicht man den Kanal von Schöneben oder Oberhaag aus (Ausflug Nr. 81). Von Holzschlag gibt es eine Radroute, die vorbei am Zollhäuschen Grundseeau hinunterführt zum Kanal und nach Jeleni. Auf dem Rückweg kann man noch dem Plöckensteinersee seine Aufwartung machen. Eine interessante Wanderung führt von St. Oswald hinauf zur 800 Meter langen Steilstufe des Schwemmkanals.

Rast an einem der Zuflüsse des Schwemmkanals.

Meditative Pause am Plöckensteinersee.

SCHAUSPIELE DER NATUR

30 Tannermoor
Unberührte Naturlandschaft

Torfschichten mit bis zu zehn Metern Mächtigkeit, darunter wasserundurchlässiger Granit, darüber bis zu 200 Jahre alter Baumbestand, mittendrin ein sechs Kilometer langer Lehrpfad – das alles macht das Tannermoor zu einem faszinierenden Anziehungspunkt. Selten sind diese von Menschenhand fast unberührten Naturlandschaften geworden, umso wichtiger ist deren Schutz und Erhaltung. Lediglich der Rubener-Teich ist ein künstliches Gewässer, das das nötige Wasser zur jährlichen Holzschwemmung lieferte. Heute ist er ein beliebter Badeteich mit Büfett und Angelmöglichkeit. Dort startet auch der etwa 1½ Stunden dauernde Rundgang durch das einzigartige

---

INFORMATION

www.liebenau.at

Anreise: über Freistadt nach Liebenau

Ausgangspunkt: Parkplatz beim Rubener-Teich

Tipp: Schöne Rundblicke hat man von der Aussichtswarte auf dem Brockenberg, dem mit 1058 Metern höchsten Punkt von Liebenau.

Wolkenspiele im Rubener-Teich.

Hochmoor. Schautafeln weisen auf die ökologischen Besonderheiten eines Moors hin. Auf Schritt und Tritt trifft man auf seltene Pflanzen, der Kundige erspäht neben Fichten, Legföhren und Bergkiefern auch Heidel-, Preisel- und Moosbeeren, Rosmarin, Heidekraut, Sumpfporst, Sonnentau, Arnika, Germer, Alpenmilchlattich, Pestwurz und Wollgras. Der Bergkiefernwald ist das Herz des Moores, hier genießt man vom Hochstand einen großartigen Überblick über das Moor. Auf besonders „elastischen" Wegabschnitten erleichtern Holzstege die Wanderung, einem Moorfußbad soll aber trotzdem nichts im Wege stehen. Weiter geht es nun bergauf zu imponierenden Granitkuppen, von denen der Blick weit ins Land schweift. Auf wieder festem Boden wandert man durch Hochwald bergab und zurück zum Rubener-Teich.

Origineller Hinweis auf den federnden Untergrund.

Auf stillen Wegen durchs Hochmoor.

31 Baumkronenweg in Kopfing
Wege durch das grüne Meer

INFORMATION

Knechtelsdorf 1,
Kopfing im Innkreis,
Tel. 07763/22 89-0,
www.baumkronenweg.at

Anreise: auf der B 129 über Eferding und Peuerbach; von Schärding über Münzkirchen oder Sigharting; von der B 130 über Engelhartszell

Öffnungszeiten: Anfang April bis Ende Oktober täglich 10–18 Uhr

Kleine Besucher vergnügen sich auf dem Spielplatz inmitten des Waldes.

Durch das Waldgrammofon kann man die Stimmen des Waldes bewusst wahrnehmen.

Da oben sei die Luft ganz anders, sagt man. Und die Rinde der Bäume fühle sich nicht schuppig an, sondern glatt. Gleich nebenan wohnen Vögel und die menschlichen Besucher genießen hier deren wunderbare Perspektive: Es geht um den Baumkronenweg in Kopfing im Innkreis. Aus rund 800 Festmetern Holz ist in luftiger Höhe ein Weg durch den Sauwald entstanden. 17 Türme, die zwischen drei und zweiundzwanzig Meter hoch sind und durch stabile Holzstege und schwankende Hänge- und Tellerbrücken verbunden sind, säumen den Weg – zweieinhalb Kilometer auf dem Boden, 500 spannende Meter in der Luft. Schön langsam wird

man in die Baumkronen hinaufgeführt. Und hält, oben angekommen, angesichts des herrlichen Ausblicks den Atem an: Er reicht weit hinein ins Mühlviertel, nach Bayern und bei schönem Wetter sogar bis in die Tiroler Berge. 26 Stationen bieten Wissenswertes für Groß und Klein oder einfach nur Unterhaltung: vom Fuchsbau über das Waldgrammofon, durch das man die Stimmen des Waldes in sich aufnehmen kann, bis hin zur mit 50 Metern längsten Trockenrutsche Österreichs. Ein riesiger Spielplatz mitten im Wald samt Gasthaus „Oachkatzl" runden das Angebot für Tagesausflugsgäste ab. Wer Lust verspürt, länger zu bleiben, kann sich in einem der sechs Baumhäuser des Baumhotels einquartieren, die sich zehn Meter über dem Waldboden befinden. Zudem werden als besonderes Naturerlebnis tagsüber, aber auch nachts Wanderungen mit Sauwaldführern angeboten.

Die Besucher des Baumkronenweges wandern in luftiger Höhe und genießen spannende Perspektiven.

32 Cumberland-Wildpark und Kinderland Schindlbach
Von Waldrappen und Märchenfiguren

INFORMATION

Anreise: B 120 bis Scharnstein, L 549

CUMBERLAND-WILDPARK:
Tel. 07616/82 05,
www.gruenau.ooe.gv.at

Öffnungszeiten: ganzjährig täglich geöffnet

KINDERLAND SCHINDLBACH:
Grünau im Almtal 192,
Tel. 07616/60 39,
www.kinderland-schindlbach.at

Öffnungszeiten:
10–18 Uhr: April bis Juni und September bis Oktober samstags, sonn- und feiertags, in den Sommerferien täglich

Umrahmt von den imposanten Bergen des Toten Gebirges liegt der Cumberland-Wildpark im Almtal auf halber Strecke zwischen Grünau und dem Almsee. 70 verschiedene europäische Tierarten – darunter Wisent, Luchs und Bartgeier – sind auf der rund 60 Hektar großen Fläche mit Wäldern, Wiesen, Bach und Teichen großzügig untergebracht und sorgen immer wieder für entzückenden Nachwuchs. Viele Tiere leben frei, darunter die berühmten Waldrappe, die nur während der Zugzeit in einer geschlossenen Voliere gehalten werden. Gemeinsam mit den Urwildpferden und Ibisvögeln zählen sie zu den bedrohten Arten, die im Almtal ein neues Zuhause gefunden haben.

Der Wildpark im Almtal ist zur neuen Heimat für bedrohte Wildpferde geworden.

Durch die herrliche Landschaft des Wildparks führen kilometerlange Wanderwege, die auch im Winter geräumt werden. Wer Glück hat, den nimmt die „Raben-Gerti" während eines Besuches unter ihre Fittiche: Die Zoologin Gertrude Drack ist weithin unter diesem Namen bekannt, weil sie sich intensiv um die blitzgescheiten Kolkraben kümmert. Jede Menge Wissenswertes erfährt man auch bei einem Besuch der Konrad-Lorenz-Forschungsstelle. Nur ein kleines Stück weit entfernt von den Tieren haben sich ganz andere Bewohner angesiedelt: Rotkäppchen, Schneewittchen und Co. hausen im Märchenwald im Kinderland Schindlbach (7 km außerhalb von Grünau im Schindlbachtal). Ein etwa ein Kilometer langer Wanderweg führt durch das Reich der lebensgroßen Figuren. Elektroautos, eine Gokartbahn und vieles mehr animieren zum Austoben im dazugehörigen Freizeitpark. Für das leibliche Wohl sorgt ein Gasthaus samt großem Spielplatz.

Die Raben-Gerti und ihre Schützlinge.

Dornröschen und Co: Im Märchenwald begegnen die Besucher lebensgroßen Figuren.

ERLEBNISWELT FÜR GROSS UND KLEIN | 75

Jagdmärchenpark Hirschalm
Märchenhaft schön

INFORMATION

Hinterberg 20, Unterweißenbach, Tel. 07956/69 00, www.hirschalm.at

Anreise: A 7, Pregarten, Bad Zell, Unterweißenbach

Öffnungszeiten: Ende April bis Ende Oktober täglich 10–18 Uhr

Zwischen Königswiesen und Unterweißenbach ist im Unteren Mühlviertel eine besondere Parkanlage zu finden: der Jagdmärchenpark Hirschalm. Zwischen Rentiergehegen samt Lappenhütte und Rentierschlitten, Zwergziegen, Schafen und Hirschen begeben sich große und kleine Gäste auf die Suche nach dem magischen Kristall. Ihren Weg säumen Märchen- und Spielstationen, die alle Sinne ansprechen: eine Märchenhöhle, das Wildererversteck oder der Tastpfad. Anregend wirkt die Flora im großen Duft- und Aromagarten am Teich. Am Wasser befindet sich zudem ein liebevoll angelegter Platz zum Abschalten, Meditieren und Entdecken der Langsamkeit. Wem es hingegen nicht schnell genug gehen kann, der nimmt auf dem Weg den Hang hinunter die Sommerrodelbahn oder gleich den gigantischen Free-Fall-Turm. Lustig geht es auf der Familienachterbahn zu, die Spielplätze auf dem Ge-

Bild oben: Auf und ab geht's in der entzückenden Familienachterbahn.

lände fordern die Kinder mit Geräten, die die Natur geformt hat.

Im Jagdmärchenpark kann man sogar etwas über sich selbst erfahren: Der keltische Baumkreis nennt jedem Besucher seinen Lebensbaum und die sich daraus ergebenden Eigenschaften. Im Winter locken herrliche Pferdeschlittenfahrten, einen der Höhepunkte stellt alljährlich der Märchenadvent auf der Hirschalm dar. Das ganze Jahr über kann man für Übernachtungen eine der Hütten samt Sauna auf der Hirschalm mieten: „Schlaufuchs", „Frechdachs" und „Brummbär" liegen herrlich ruhig in der Natur und an den Wanderwegen der Gegend.

Die Suche nach dem magischen Kristall ist ein spannendes Erlebnis für Groß und Klein.

Bild links unten: Am Teich findet man Anregendes im Duftgarten und Entspannendes auf dem Meditationsplatz.

Bei rasanter Fahrt mit der Sommerrodelbahn weht der Wind den Fahrgästen um die Ohren.

34 Klangwelten und Sensenschmiedemuseum

Ohrwürmer und Hammerherren

INFORMATION

KULTURSCHMIEDE:
Gradnstraße 1, Micheldorf, Tel. 07582/51 700, www.kulturschmiede.at

Anreise: A 1, Voralpenkreuz, A 9, Abfahrt Kirchdorf

Öffnungszeiten: Anfang Mai bis Ende Oktober, dienstags bis sonntags

TOURISMUSBÜRO KIRCHDORF & MICHELDORF:
Tel. 07582/634 74

So klingt die Region Pyhrn-Eisenwurzen – in großer Vielfalt zu hören an den Klangstationen.

Das Rauschen eines Baches, Klosterbrüder, die liturgische Gesänge in lateinischer Sprache anstimmen, das fröhliche Gezwitscher heimischer Singvögel, Wasser, das stetig in einen unterirdischen See tropft, die typischen Mollner Maultrommeln, die bedrohlichen Geräusche beim Perchtenlauf, der Klang von Eisen. Für das Museum Klangwelten in Micheldorf wurden unterschiedlichste Klänge aus der Region Pyhrn-Eisenwurzen zusammengetragen und in optisch ansprechenden Stationen gespeichert. Kopfhörer machen den Spaziergang durch die Welt der Töne zum ungestörten individuellen Hörerlebnis, das große und kleine Leute gleichermaßen fasziniert, Bilder im Kopf entste-

hen lässt und zum bewussten Hin(ein)hören motiviert. Ein einmaliges Konzert, bei dem der Besucher dirigiert – je nachdem, in welcher Reihenfolge er die einzelnen Klangstationen besucht. Sind die Klangwelten vor allem spannende Begegnungen für das Ohr, so sprechen im Sensenschmiedemuseum gleich nebenan die Gestalten aus vergangenen Tagen das Auge an. Anhand von 40 lebensgroßen Figurengruppen werden das Alltagsleben, die Traditionen und bedeutende historische Momente der Schwarzen Grafen, wie die betuchten Hammerherren-Dynastien genannt wurden, und ihrer hart arbeitenden Schmiede anschaulich dargestellt: im Herrenhaus das bürgerliche Leben, in der Kram die Geschäfte und im Hammer das Entstehen der Sensen. Eine interessante Reise durch Industrie und Kultur der Sensenschmiede von damals bis heute. Die Klangwelten und das Sensenschmiedemuseum sind in der Kulturschmiede Micheldorf beheimatet.

Der Besucher taucht in die Arbeitswelt der Sensenschmiede ein.

Die Sensen, die hier entstanden, waren berühmt für ihre hervorragende Qualität.

ERLEBNISWELT FÜR GROSS UND KLEIN

Pferdeeisenbahn
Reisen wie ein Kaiser

INFORMATION

Kerschbaum 61,
Rainbach im Mühlkreis,
Tel. 07949/68 00,
www.pferdeeisenbahn.at

Anreise: von Freistadt rund sieben Kilometer auf der B 310

Öffnungszeiten: von Mai bis Oktober samstags, sonn- und feiertags 13–17 Uhr, im August auch montags bis freitags 14–16 Uhr, an den Adventssonntagen 13–17 Uhr

Reisen wie damals: In der Kutsche schaukelt man durch die Mühlviertler Landschaft.

Aussteigen und anschieben wie früher manchmal muss man heutzutage nicht mehr, dafür kann man wieder reisen wie schon Kaiser Franz I. und seine Zeitgenossen: mit der Pferdeeisenbahn Linz–Budweis. Seit 1996 erlebt die „Rössltram" eine Renaissance. 500 Meter der historischen Strecke wurden originalgetreu nachgebaut, der Pferdeeisenbahnhof in Kerschbaum in Rainbach im Mühlkreis renoviert und ein Pferdeeisenbahn-Museum eröffnet. Letzteres ist in den liebevoll hergerichteten Stallungen des alten Bahnhofes untergebracht. Alte Fahrscheine, Dienstkleidung und Werkzeuge erzählen anschaulich die Geschichte der ersten Schienenbahn auf dem europäischen Festland und der Menschen, die einst in ihrem Dienst gestanden sind. Die Zeugen der guten alten Eisenbahnzeit gibt es aber nicht nur zu bestaunen, mit „Hannibal II" und „Franz Josef" besteigt man einen Luxuswagen und einen Gesellschaftswagen von damals und lässt sich mit einem PS

durch die schöne Mühlviertler Landschaft kutschieren. Der Bahnhof war jene Stelle, an der sich früher mittags die Züge kreuzten und die müden Pferde ausgetauscht wurden. Die Fahrgäste hielten in der Zwischenzeit Einkehr im Bahnhofsrestaurant. Die „Kutscher-Stub'm" und das „Biedermeier-Stüberl" bieten den Besuchern von heute mit „Kutscherküsschen" und „Rossknödeln" eine originelle Küche. Ein besonderes Erlebnis ist der Advent an der Pferdeeisenbahn. Große und kleine Nostalgiefreunde reisen wieder wie damals.

500 Meter der historischen Strecke der Pferdeeisenbahn, die einst zwischen Budweis und Linz verkehrte, wurden originalgetreu nachgebaut.

Der alte Bahnhof der Pferdeeisenbahn wurde liebevoll restauriert und beherbergt ein Museum. Hier kehrt man – wie in alten Zeiten – nach der Fahrt ins Bahnhofsrestaurant ein.

ERLEBNISWELT FÜR GROSS UND KLEIN

36 Salzwelten Hallstatt
O sole mio!

INFORMATION

Salzbergstraße 21,
Hallstatt,
Tel. 06132/200-2400,
www.salzwelten.at

Anreise: A 1, Abfahrt Regau, B 145, oder Abfahrt Thalgau, B 158, nach Bad Goisern, B 166

Öffnungszeiten: täglich von Ende April bis Anfang November

In den Salzwelten warten spannende Begegnungen auf die Besucher.

Man kann das Hämmern im Berg förmlich hören, und die schwer arbeitenden Bergleute tauchen vor dem geistigen Auge auf. Bergmann Sepp erzählt die Geschichte von der im Salz konservierten Leiche, dem berühmten „Mann im Salz". Der Besuch in den Salzwelten Hallstatt verbindet ein besonderes Landschafts- und Naturerlebnis mit einer Reise in die Vergangenheit – 7000 Jahre reicht die Hallstätter Geschichte zurück –, staunendes Erfahren ist garantiert. Schon die Fortbewegungsmittel auf den und im Berg sind ungewöhnlich. Zunächst geht es mit der Salzbergbahn hoch hinaus: Dem Besucher eröffnet sich dabei ein atemberaubender Blick über die UNESCO-Weltkulturerbe-Region Dachstein-

Hallstättersee. Der Weg zum Knappenhaus führt über das berühmte Gräberfeld aus der Zeit um 800 bis 400 v. Chr. Das Haus, in dem einst die Bergleute wohnten, ist das Tor ins Innere des Salzberges. In den zum Teil mit Rutschen verbundenen Stollen – darunter die längste Holzrutsche Europas, auf der Radar die Geschwindigkeit misst – wird anschaulich die Geschichte der Salzgewinnung dargestellt. Einen weiteren Rekord hält hier übrigens die älteste Holzstiege der Welt. In der Salzkammer wird, untermalt vom Rauschen des Meeres, der Schatz des Berges, das Salz, zum Thema gemacht. Mit dem Zug geht es am Schluss der spannenden Expedition wieder zurück ans Tageslicht. Dem Weg des Salzes kann man auch an der Oberfläche weiter nachgehen: Der Soleleitungsweg, die älteste Pipeline der Welt entlang, ist ein Wanderweg mit herrlichen Ausblicken.

Bergmann Sepp erzählt vom „Mann im Salz".

Erleuchtende Entdeckungen im Inneren des Berges.

So leicht rutscht man in die Welt der Salzgewinnung …

37 Villa Sinnenreich Rohrbach
Im Reich der Sinne

INFORMATION

Bahnhofstraße 19,
Rohrbach,
Tel. 07289/224 58 20,
www.villa-sinnenreich.at

Anreise: auf der B 127

Öffnungszeiten: dienstags, donnerstags bis samstags 10–16 Uhr, mittwochs und sonntags 13–19 Uhr

Tipp: Die Villa Sinnenreich ist der Ausgangspunkt für den rund sechs Kilometer langen Weg Sinnenreich. Auf dem zweistündigen Rundweg wird an verschiedenen Stationen die Wahrnehmung trainiert.

Wie ist es, sich als Riese oder als Zwerg zu sehen oder in sich zu gehen und den eigenen Herzschlag zu hören? Wie könnte es sich anfühlen, im Kaleidoskop in die Unendlichkeit zu stürzen oder im Trunken Cube zu schwanken? All diese Fragen und noch viele mehr können die Besucher der Erlebniswelt „Villa Sinnenreich" in Rohrbach nach einer spannenden Tour durch die 400 Quadratmeter Ausstellungsfläche des interaktiven Museums beantworten. Anhand von Experimenten werden große und kleine Leute dazu angeregt, sich selbst auf die Suche nach Erklärungen zu begeben, und erleben dabei die erstaunlichsten Effekte. Die ausgestellten Objekte funktionieren nicht nur, sie sind zudem künstlerisch anspruchsvoll gestaltet: Die Kunstuniversität Linz hat sich der Sinne angenommen und 40 einzigartige

Stationen geschaffen, an denen man die unterschiedlichsten Erfahrungen machen kann. Und zwar mit allen Sinnen, egal ob Sehen, Hören, Fühlen, Riechen oder Schmecken. Da bereitet es sogar Freude, sich da und dort einmal täuschen zu lassen. Angesiedelt ist das besondere Wissenschaftsmuseum in der wunderschönen, denkmalgeschützten Villa Pöschl, die man schon vor dem Betreten via Objekt Brennpunkt, das heißt durch riesige Linsen, quasi mit anderen Augen betrachten kann. Auf dem dazugehörigen Abenteuerspielplatz können die kleinen Besucher anschließend ihre restlichen Energien freisetzen und die großen auf einer der Bänke im weiten öffentlichen Park die Natur genießen. Die Eintrittskarte bitte erst nach dem Verlassen des Museums verspeisen!

Die Besucher begeben sich auf die Suche nach Erklärungen für unterschiedlichste Phänomene und machen dabei ihre Erfahrungen ...

Bild links: Die denkmalgeschützte Villa Pöschl samt Park wurde in ein spannendes Museum für alle Sinne verwandelt.

ERLEBNISWELT FÜR GROSS UND KLEIN

Die Abfahrt mit der Sommerrodelbahn ist eine der Möglichkeiten, einen unterhaltsamen Schlusspunkt hinter den Besuch des Erlebnispfades zu setzen.

INFORMATION

Anreise: A 8, Abfahrt Haag am Hausruck

WEG DER SINNE:
Haag am Hausruck,
Tel. 07732/22 55,
www.wegdersinne.at

Öffnungszeiten: von Frühjahr bis Herbst kostenlos zugänglich

SOMMERRODELBAHN:
Tel. 07732/23 51,
www.haag-hausruck.at

Öffnungszeiten: bei trockener Witterung von Anfang April bis Ende Oktober täglich 10–17 Uhr

Weg der Sinne
Alle fünf sind mit dabei

Nicht nur die Beine, auch die Sinne kommen auf einem Erlebnispfad in Haag am Hausruck in Bewegung: Auf dem dreieinhalb Kilometer langen „Weg der Sinne" auf der Luisenhöhe geht es darum, Geheimnisse der Natur zu erfahren. Die besondere Naturbegehung, die für kleine und große Leute gleichermaßen interessant ist, startet bei der Talstation der Sommerrodelbahn. Als erste Aufgabe wartet die „Archimedische Schraube" auf die Waldbesucher. Nach einer kurzen Rast auf dem „Wiesen-Sofa" führt der naturnah angelegte Weg über Brücken und Stege zur Waldschänke, hier kann man den Geschmackssinn testen und sich laben. Mit dem Hör-Trichter wird die Aufmerksamkeit bewusst auf die Geräusche des Waldes ge-

lenkt, auf Balancierscheiben der Gleichgewichtssinn erprobt, auf Schaukel- und Schwingseilen erfährt man auf abenteuerliche Weise die physikalischen Gesetze zur Masse am eigenen Leib. Zum Innehalten lädt am Ende des Weges der 32 Meter hohe hölzerne Aussichtsturm, von dem aus man die Natur aus der Distanz genießen kann. Je nachdem, wie lange man an jeder Station Fauna und Flora ergründet, dauert der Besuch des Erlebnispfades bis zu drei Stunden. Die Tafeln an jeder Station sind auch in Blindenschrift verfasst. Wer sich den Abstieg erleichtern will, kann mit einer Rodel in einer rasanten, lustigen Abfahrt auf der Sommerrodelbahn wieder an den Ausgangspunkt zurückkehren. Sucht man nach weiteren körperlichen Herausforderungen, so findet man sie in unmittelbarer Nähe im Wald-Hochseil-Park „goruck". Auf die 720 Meter hohe Luisenhöhe fährt übrigens ein Sessellift.

Auf dem Weg der Sinne die Natur genießen und ihre Geheimnisse erfahren: Auf einer Länge von dreieinhalb Kilometern warten Herausforderungen unterschiedlichster Art.

Wurbauerkogel
Ab(ge)fahren

39

INFORMATION

Tel. 07564/52 75 oder 07564/55 00 (Tonband), www.wurbauerkogel.at

Anreise: A 9, Abfahrt Roßleithen/Windischgarsten

Öffnungszeiten: Mai bis Oktober

Den Wurbauerkogel bei Windischgarsten erreicht man von Weyer kommend über den Hengstpass. Man erklimmt ihn zu Fuß, auf dem Rad, im Auto, schwebend mit dem Sessellift oder bequem im wetterfesten Alpine Coaster. Mit Spannung darf die Abfahrt erwartet werden. Doch zuvor gilt es, das zu genießen, was oben geboten wird. Da wäre einmal die herrliche Aussicht, die der Panoramaturm auf dem 858 Meter hohen Erlebnisberg im Nationalpark Kalkalpen bietet: Bei guter Fernsicht zeigen sich bis zu 21 Zweitausender von den Voralpen bis zum Toten Gebirge, Warscheneck und Gesäuse. Aber auch das Innenleben der 21 Meter hohen Aussichtswarte ist sehenswert. In der Ausstellung „Faszination Fels" erfahren Be-

Von der Aussichtsplattform aus erschließt sich die herrliche Bergwelt.

sucher jeden Alters Verblüffendes über Höchstleistungen aus der Tier- und Pflanzenwelt: Vorgestellt werden etwa die schnellsten Läufer und die besten Kletterer. Ein Film präsentiert den Nationalpark. Gleich nebenan, im Restaurant „Beim Turm", kann man sich stärken, bevor es weitergeht: Auf einem der vielen Wanderwege oder im Alpine Coaster, einem Schlitten für zwei Personen, der die 800 Meter lange Strecke samt Kreiseln, Brücken und Wellen mit bis zu 40 Stundenkilometern hinunterbraust. Oder man genießt die eineinhalb Kilometer lange, lustige Abfahrt mit einer der längsten Sommerrodelbahnen Europas – je nach Wunsch zu zweit oder im Alleingang. Sowohl der Alpine Coaster als auch die Sommerrodelbahn sind für Kinder ab zwei Jahren mit Begleitung zugelassen. Mountainbikern werden zwei spannende Abfahrtsstrecken mit unterschiedlichen Schwierigkeitsgraden geboten.

Der Ausblick entlohnt für die Mühen des Aufstiegs.

Schier endloses Fahrvergnügen: Die Sommerrodelbahn zählt zu den längsten Europas.

Der Wurbauerkogel ist überzogen von einem Netz von Wanderwegen.

Zoo Schmiding
Vom Vogelparadies zur bunten Truppe

INFORMATION

Schmidingerstraße 5,
Krenglbach,
Tel. 07249/462 72,
www.zooschmiding.at

Anreise: A 1, Abfahrt Pichl

Öffnungszeiten: täglich 9–19 Uhr, Winterpause ca. November bis Mitte März (witterungsabhängig)

Wo einst gefiederte Freunde regierten, herrscht heute bunte Artenvielfalt. Die Rede ist vom Zoo Schmiding bei Wels, dem größten Tiergarten Oberösterreichs. Verschiedenste Arten – Säugetiere, Reptilien und Vögel – leben gemeinsam in kleinen Reichen zusammen, die ihrem natürlichen Lebensraum weitestgehend nachempfunden wurden. Dabei eröffnen sich besondere Perspektiven, etwa wenn man sich in ein paar Metern Höhe plötzlich Auge in Auge mit einer riesigen Giraffe sieht, die gerade gemächlich Grünzeug mampft. Aus sicherer Entfernung lässt sich das köstliche Treiben im Affenreich beobachten: Hier leben die einzigen Gorillas Österreichs.

Dass in Schmiding nach wie vor Vogelexperten zu Hause sind, versteht sich von selbst: In der weltgrößten begehbaren Greifvogel-Freiflugalage leben die Könige der Lüfte,

Nur in Schmiding sind in Österreich Gorillas zu finden, diese intelligenten und faszinierenden Menschenaffen.

Eine Spezialkonstruktion ermöglicht es, das Revier des Sibirischen Tigers zu durchqueren.

Frisch eingezogen sind die Meeresbewohner im neuen Aquazoo.

mächtige Geier. Und Flamingos, die gefiederten Schönheitskönige der Natur, fühlen sich hier in der österreichweit größten Kolonie ihrer Art sichtlich wohl. Ein Stück weiter wandert ein anderer Mächtiger des Tierreiches, ein Sibirischer Tiger, bedrohlich auf und ab. Ins Tropenhaus lockt die exotische Artenvielfalt der Fauna und Flora des Regenwaldes: Hier flattern Vögel herum, Krokodile und Schildkröten bevölkern Lagunen. Und im Aquazoo, dem größten Meeresaquarium Österreichs, tummeln sich auf 2500 Quadratmetern rund 1000 Meeresbewohner, darunter Riffhaie, bunte Doktorfische, Röhrenwürmer und Korallen. Drei Abenteuerspielplätze mit Rutschturm, Piratenschiff, Hängebrücke oder Trampolin ergänzen das spannende Erleben der Tierwelt.

Vögel zählen zu den „Ureinwohnern" im Zoo Schmiding.

Ein Rundgang durch das erfrischende Kneippbecken wirkt anregend und stärkt für die interessante Wanderung durch den wunderschönen Moorwald.

Erlebnisweg Moorwald Bad Leonfelden
Mittendrin im Waldleben

INFORMATION

Tel. 07213/63 97,
www.badleonfelden.at

Anreise: auf der B 126

Tipp: Zum Erfrischen lädt im Sommer auch das Bad Leonfeldner Schwimmbad Aqua Leone, das gleich am Waldrand zu finden ist.

Im Moorwald der Kurstadt Bad Leonfelden, 30 Kilometer nördlich von Linz, verbindet ein vier Kilometer langer Erlebnisweg die Schönheiten der Natur mit Wissenswertem über das Leben im Wald. Bei verschiedenen Stationen werden alle Sinne angeregt. Barfuß erfühlt man auf dem Tastweg Kiesel-, Sand- oder Waldboden. Waldtelefon und Waldxylofon warten auf Anrufer und Musiker. Manches hat der Mensch hier liebevoll gestaltet, das meiste die Natur: Im Sommer wachsen am Wegrand Schwammerl und aus Heidelbeerbüschen leuchten Früchte hervor. Ameisen arbeiten eifrig an ihren „Palästen" und Blockmeere aus riesigen Granitsteinen

ragen in den Wald. Wer Glück hat, entdeckt ein Reh an der Futterstelle, Eichhörnchen kreuzen hier noch recht oft den Weg der Waldbesucher. Ein hölzerner Steg führt bei der Moorhütte hinein ins Moor, dorthin, wo das braune Gold liegt, aus dem Schilf und verschiedene andere Pflanzen herausragen. Seit den 1920er-Jahren wird das Moor zu Heilzwecken abgebaut. Nebenan nehmen müde Beine ein Moorbad in einem historischen Becken. Auf halbem Weg steht ein Blockhaus, das man zum Grillen mieten kann, und ein paar Meter weiter der Wirterbrunnen, der herrlich frisches Quellwasser spendet. Die Runde im Wald, die bequem in etwa eineinhalb bis zwei Stunden zu bewältigen ist, kreuzen verschiedene Wanderwege. Mit einem Rundgang im herrlich kalten Kneippbecken kann man sowohl einen anregenden Start als auch einen erfrischenden Schlusspunkt hinter den Besuch im Hochmoorwald setzen.

Ein hölzerner Steg führt direkt hinein ins Moor, das hier seit Beginn des 20. Jahrhunderts zu Heilzwecken abgebaut wird.

42 Eurotherme Schallerbach

Glückliche Schwefel-Wasser-Verbindung

INFORMATION

Promenade 1,
Bad Schallerbach,
Tel. 07249/440-0,
www.eurotherme.at

Anreise: A 8, Ausfahrt Pichl/Bad Schallerbach

Öffnungszeiten: ganzjährig täglich

Ein Erholungszentrum für die ganze Familie.

Ölbohrungen förderten zu Beginn des 20. Jahrhunderts in Schallerbach nicht schwarzes Gold, sondern heilsames schwefelhaltiges Wasser zutage. Heute glänzt der Kurort als Erholungszentrum für die ganze Familie, das für jedes Bedürfnis das Richtige bietet. Wer sich nach Aufregung sehnt, bekommt auf einer der insgesamt fünf Rutschen im Badebereich „Aquapulco" den gewünschten Adrenalinkick: Von stürmischen, kurvenreichen Wildwasserfahrten bis zur pfeilgeraden, hohe Geschwindigkeiten erreichenden Rutsche ist alles dabei. Oder man reitet im Wellenbad wie auf dem wogenden Meer. Ganz kleine Gäste tummeln sich im Kinder- oder Babybecken.

Nicht nur Rutschpartien, auch Schwefelbäder wirken anregend. Der Kurbetrieb verbindet bodenständige Methoden aus unseren Breiten mit exotischen, die von weit her kommen: Lomilomi Nui ist eine traditionelle hawaiianische Massage, andere Wohltaten stammen aus dem Orient oder aus Afrika. Wohltuend abregen kann man sich im „Relaxium", dem Wellness- und Ruhebereich der Therme, in der mit Salzwasser gefüllten „Grotta Mare", im wohl klingenden „Musicarium" oder in einer der Schwitzstuben, auch als Sauna bekannt. Einzigartig ist die Baumhaussauna, die in drei Metern Höhe mit ihrer Aussicht zusätzlich zur Wärme etwas Besonderes fürs Auge zu bieten hat. Das gilt auch für die einzige Farblichttherme Österreichs: das „Colorama". Hier erlebt man die Veränderungen des Lichtes eines ganzen Tages innerhalb kurzer Zeit und kann daraus gute Laune, Erholung und Kraft schöpfen.

Wellengang im Boot: In der Whirl-Yacht fühlt man sich fast wie auf hoher See.

Vor Mutproben unterschiedlichster Art stellen die Wasserrutschen im Aquapulco die Gäste.

WELLNESS UND FITNESS

43 Fitness- und Kneippweg Pfarrkirchen und Oberkappel

Rund um den Stausee

INFORMATION

TOURISMUSVERBAND PFARRKIRCHEN I. M.:
Tel. 07285/415,
www.pfarrkirchen.at

TOURISMUSVERBAND OBERKAPPEL:
Tel. 07284/202-14,
www.oberkappel.at

Anreise: B 127 Richtung Rohrbach, nach Altenfelden Abzweigung Lembach, über Hofkirchen und Altenhof zum Rannastausee

Tipp: Wenige Autominuten von Oberkappel entfernt findet man den idyllischen Rannabadesee samt Tretbootverleih, Riesenwasserrutsche und Gasthaus.

Ganz im Zeichen von Fitness und Pfarrer Kneipp stehen Wege rund um den Rannastausee. Inmitten herrlichster Natur bewegt man sich von Pfarrkirchen – vom Parkplatz direkt an der Staumauer – aus auf einem besonderen Fitnessweg im Wald insgesamt viereinhalb Kilometer am Ufer entlang: gut zwei Kilometer bis zum Konzingersteg, über den man ans andere Ufer gelangt, und von dort dann etwa die gleiche Strecke auf der anderen Seite des Stausees zurück. Zehn Stationen, allesamt mit Gerätschaften aus Holz, leiten dazu an, etwas für Körper, Geist und Seele zu tun. Das Spazieren auf einem schmalen Stamm ist ein Balanceakt, andere Übungen kräftigen nicht nur Arme und Beine, sondern stärken das Herz-Kreis-

lauf-System oder trainieren gar das Gehirn. Zwischendurch laden Bankerl zu Rast und Naturbetrachtung. Wer sich die Zeit nimmt und alles mitmacht, wird etwa zwei Stunden für den Lehrpfad brauchen. Gezielte Bewegung im Grünen, eine Wohltat und ein Vergnügen für die ganze Familie (kinderwagentauglich).

Wer möchte, kann nach dem Überqueren des Sees auch die andere Richtung einschlagen, den etwa zwei Kilometer langen Kneippweg, der am Rannastausee entlang bis Oberkappel führt. An sechs Kneippstationen lässt sich auf erquickende Art etwas für die Gesundheit tun. Die Wege sind mit Infotafeln in Wort und Bild gut beschildert, vor Ort findet man auch Wanderkarten zur weiteren Erkundung einer ganz besonderen Gegend. Denn das Rannatal ist mit seinen Hängen und Schluchten, durch die die Ranna rauscht, ein Stück Urnatur und ein Überbleibsel der Eiszeit.

Bei manchen Herausforderungen des Fitnessweges Pfarrkirchen ist Geschick gefragt.

Fitness und Kneipp begleiten den Wanderer rund um den Stausee.

*Bild linke Seite:
Eine lange Wasserrutsche erfreut nicht nur Kinder am Rannabadesee.*

WELLNESS UND FITNESS

44 Hedwigsbründl Bad Zell

Ein Ort, an dem Kraft fließt

INFORMATION

www.badzell.at

Anreise: A 7, B 124, Pregarten, Tragwein, Bad Zell

TOURISMUSVERBAND BAD ZELL:
Tel. 07263/75 16

LEBENSQUELL BAD ZELL:
Tel. 07263/75 15-0,
www.lebensquell-badzell.com

Sanfte Hügel und gewaltige Granitsteinblöcke, Wälder, Wiesen und Bäche bestimmen das Landschaftsbild der Mühlviertler Alm im Naturpark Mühlviertel. Hier liegt, 40 Autominuten von Linz entfernt, der kleine, feine Kurort Bad Zell. Als die heilige Hedwig (1174–1243) einst auf ihrer Wallfahrt nach Rom durch das Mühlviertel wanderte, hat sie – so ist es überliefert – in diesem Gebiet eine Rast eingelegt. An jener Stelle, an der

Der Weg führt zur modernen Kapelle, in deren Innerem die Quelle fließt. An dieser Stelle soll einst die heilige Hedwig eine Rast eingelegt haben.

sie sich zum Ausruhen niederließ, entstand später das Hedwigsbründl. Die moderne kleine Kapelle, die die Quelle würdig umschließt, besteht aus den noch erhaltenen Teilen des alten Badhauses und einer modernen Hülle aus Stahl und Glas in Form des Bad Zeller Wappens. Noch heute weiß man den Platz zu schätzen, soll von ihm doch eine ganz spezielle Kraft ausgehen, wie auch geomantische Untersuchungen ergeben haben. Und das Wasser, das hier – gleich neben der Perger Landstraße – fließt, soll dem von Lourdes in seinen Qualitäten gleichkommen. Das ist der Grund dafür, dass heute viele Menschen, die Heilung suchen, hierher pilgern. Wissenschaftlich belegt ist der hohe Radongehalt der Quelle, der bei rheumatischen Erkrankungen und für das Drüsensystem heilend wirkt und im Kurheim „Lebensquell Bad Zell" erfolgreich eingesetzt wird. Die moderne Therme eignet sich als Wohlfühloase mit Saunen, Bade- und Fitnessbereich und verschiedenen Anwendungsangeboten ideal, um eine Auszeit vom Stress des Alltags zu nehmen: in der Bärenhöhle, im Schwitzkastn oder an der Ofenluckn.

Dem Wasser des Hedwigsbründls wird seit Jahrhunderten heilende Kraft nachgesagt. Der hohe Radongehalt wird für Behandlungen in der örtlichen Kuranstalt genutzt.

45 Kaiser Therme Bad Ischl

Was schon den Herrschaften einst guttat ...

INFORMATION
Voglhuberstraße 10, Bad Ischl, Tel. 06132/204-0, www.kaisertherme.at
Anreise: A 1, Abfahrt Regau, B 145, Gmunden, Ebensee
Öffnungszeiten: täglich 9–22 Uhr

Die Gäste erquicken sich an den angebotenen Wohltaten.

... kann auch heutzutage nicht schlecht sein. Als Erzherzog Franz Karl und seine Frau Erzherzogin Sophie lange Zeit vergeblich darauf warteten, dass sich ihr Kinderwunsch erfülle, begab man sich nach Ischl, um es mit einer Salzkur zu versuchen. Das erfreuliche Ergebnis: die drei „Salzprinzen", der spätere Kaiser Franz Joseph und seine Brüder. Heute behandelt man Atemwegserkrankungen, Rückenbeschwerden und Burn-out-Syndrom in der Kaiser Therme Bad Ischl. Das 32 Grad warme Becken mit Sole-Heilwasser hat eine regenerierende Wirkung, die die Arbeit der Organe unterstützt und durchblutungsfördernd wirkt. Ab Sommer 2008 lässt man sich im völlig neu gestalteten

Außenbereich samt Kinderbecken treiben. Den Zusammenhang mit dem Naturheilmittel Salz hat man auch in der Stollensauna und der Sole-Inhalationsgrotte auf angenehme, wohltuende Weise hergestellt. Entspannen bei unterschiedlicher Temperatur und eingehüllt in herrliche Düfte lässt es sich noch in sechs weiteren Saunen. Orientalische Wohltaten erwarten die Gäste in der Alhambra. Basierend auf jahrtausendealtem Wissen, werden hier warmer Sand, geheimnisvolle Düfte, orientalische Klänge, Massagen und Salbungen zur Erholung von Körper und Geist eingesetzt. Rasul nennt sich ein Ganzkörper-Peeling mit Siegelerde, Sabbia-Med heißt eine Form der Lichttherapie im warmen Sand. Türkisches Dampfbad und Hamam ergänzen das Angebot. Noch exotischer wird es im Massagebereich, wo traditionelle indische Behandlungen (Ayurveda, Klangschalen) ebenso wie hawaiianische Tempelmassagen verwöhnen.

Im wohlig warmen Nass die Seele baumeln lassen ...

Auch im Freien genießt man die regenerierende Wirkung des salzhaltigen Wassers.

Kneipp-Kräutergarten Bad Mühllacken

In der grünen Apotheke des Klosters

INFORMATION

Bad Mühllacken,
Feldkirchen,
Tel. 07233/72 15
oder 05/99 22
(zum Ortstarif),
www.badmuehllacken.
gesund-kneippen.at,
www.kneippen.at

Anreise: auf der B 127
oder B 131, dann B 132

Öffnungszeiten Kneipptraditions-Garten: ganzjährig von Sonnenaufgang bis Sonnenuntergang, frei zugänglich; Führung meist mittwochs ab 15 Uhr oder nach Absprache

Klostergärten waren in vergangenen Jahrhunderten so etwas wie Apotheken für die Menschen. Eine Praxis, die man im Kneipptraditions-Garten im Kurheim der Marienschwestern vom Karmel in Bad Mühllacken weiter pflegt und für unterschiedlichste Anwendungen nutzt: für Bäder mit Kräuterzusätzen, Wickel und Auflagen, in der Ernährung und als Tee. Aber nicht nur das: Ein Spaziergang durch den schönen Garten ist ein Erlebnis für alle Sinne, der Garten ein Platz, an dem man Ruhe und Kraft tankt. Gleich am Eingang wird man mit Kostproben aus dem Naschgarten begrüßt. Küchenkräuter gedeihen neben den Pflanzen des traditionellen Bauerngartens, wie er früher die

Die Ordensfrauen nutzen das Wissen um die heilsame Wirkung von Pflanzen schon seit Jahrhunderten.

Bauersleut' versorgte. Der direkte und logische Nachbar ist hier das Getreide. Mehr als 150 sorgsam ausgewählte Pflanzen gibt es in den zahlreichen Kräuterbeeten zu entdecken. Zwischendurch laden Kneippbecken zur Erfrischung. Anregend für die Sinne ist der Dufthügel, der Hildegardweg spiegelt das Wissen der berühmten Klosterfrau, Bibelpflanzen verweisen auf deren Vorkommen und Bedeutung im Alten und Neuen Testament. Auf der Schmetterlingswiese tummeln sich die farbenprächtigsten Vertreter der geflügelten Schönheiten, Bienen fliegen summend in ihren Stöcken ein und aus. Die ausführliche Beschilderung gibt nicht nur Auskunft über Wirkung und Verwendung der jeweiligen Pflanze, sondern auch über Gartenkultur. Daneben ist der Kurpark mit seinem alten Baumbestand ein schöner Erholungsraum. Die Ernte aus dem Klostergarten wird im Kurhaus in Form von Heilteemischungen zum Kauf angeboten.

*Bild links:
Ein Spaziergang durch den Kräutergarten ist ein Erlebnis für alle Sinne.*

Über den Braunberg und den Josefsteg erreicht man die kleine Kapelle.

Maria Bründl St. Oswald
Quelle der Ruhe

Als im 17. Jahrhundert Einheimische immer wieder wundersame Heilung durch das Wasser aus einer Quelle nahe St. Oswald bei Freistadt erfuhren, beschloss die Obrigkeit, aus den Opfergaben, die die dankbaren Geheilten zur Verfügung stellten, eine Kapelle zu errichten. Und eine Badeanlage. Die spätbarocke, wunderschön restaurierte Maria-Bründl-Kapelle liegt, umgeben von romantischen Wäldern und eingebettet in herrliche Natur, etwa drei Kilometer außerhalb von St. Oswald. Sie ist noch heute ein beliebter Wallfahrtsort, ein Ort der Ruhe und Stille, der zu innerer Einkehr anleitet. Im Inneren des barocken Gotteshauses sprudelt das heilsame Nass mit dem hohen Radongehalt. 250 Jahre wurde das Wasser der

Bründl-Quelle im benachbarten Bad Maria Bründl bei Kuren verwendet. Heute trinken die Besucher in der 2003 unterhalb der alten Kapelle errichteten Maria-Bründl-Heilwasser-Kapelle von ihrem Wasser, viele nehmen es sich gleich flaschenweise mit nach Hause und sind fest davon überzeugt, dass die Heilkraft weit über die natürliche hinausgeht. Maria Bründl erreicht man anhand einer guten Beschilderung bequem in 45 Minuten vom Kirchenplatz in St. Oswald aus. Der Weg führt über den mit meditativen Texten ergänzten Kreuzweg in wunderschöner Natur entlang des Steinbaches. Oder man macht eine „besondere Wallfahrt" ebenfalls von der St. Oswalder Pfarrkirche aus über den Braunberg und den Josefsteg hinunter zu dem kleinen Gotteshaus (drei Stunden). Übrigens: In der Kapelle kann man selbst eine alte Glocke läuten. Dann hat man einen Wunsch frei, den man jedoch nicht verraten darf ...

Eine Rast beim Ursprung der Heilquelle hilft, neue Kraft zu schöpfen: Das Wasser soll – so heißt es – übernatürliche Qualitäten haben. Es verfügt jedenfalls über einen hohen Radongehalt.

INFORMATION

Tourismusverband Mühlviertler Kernland: St. Oswald bei Freistadt, Tel. 07945/75 26, www.oberoesterreich.at/st.oswald

Anreise: B 310 bis Freistadt, L 579

48 Nordic.Fitness.Park Geboltskirchen

Mit Stöcken den Hausruckwald erkunden

INFORMATION

Tel. 07732/35 13,
www.geboltskirchen.at

Anreise: A 8, Abfahrt Haag am Hausruck, L 521

Öffnungszeiten: Fitness-Park frei zugänglich

Eine Form der Fortbewegung für jedermann: Mit zwei Stöcken geht es durch die schöne Landschaft des Hausruckwaldes.

In der Vitalwelt-Gemeinde Geboltskirchen hat man der großen Beliebtheit von Nordic Walking Rechnung getragen und den ersten Nordic-Fitness-Park Oberösterreichs errichtet. Hier gehen gute Sportler ihrer Wege und auch weniger sportliche Menschen mit Übergewicht oder Knieproblemen drehen ihre Runden, profitieren davon gesundheitlich und erholen sich. Für jedes individuelle Bedürfnis, jedes Alter und jede Kondition hat der besondere Fitness-Park ein Angebot: Auf vier geprüften Routen mit unterschiedlichen Längen (2,7 bis 11,7 Kilometer), Ansprüchen (Höhenprofile) und variierendem Untergrund (Wald,

Wiese und Kies) walkt man durch die Vitalwelt, atmet die herrlich frische Luft und genießt die wunderschöne Landschaft. Und das zu jeder Jahreszeit, denn mit entsprechender Adjustierung ist der Sport mit den Stöcken immer möglich. Abwechslungsreich ist nicht nur das Tourenangebot. Zwischendurch finden sich an den Wegen sogenannte Hotspots, Stationen, an denen es etwas Besonderes zu sehen oder zu tun gibt, auch eine Rast bietet sich an. Der Gymnastikplatz, der Trattnach-Ursprung oder der Giselastollen sind solche Punkte. Die Mühen des einen oder anderen Anstiegs werden immer wieder durch herrliche Aussichten belohnt. Die gute Wegführung macht das Zurechtfinden leicht, man kann aber auch eine geführte Tour buchen. Nordic-Walking-Anfängern helfen geschulte Trainer an die Stöcke. Die Gerätschaft für die ersten „Gehversuche" kann man entlehnen.

Therme Bad Hall
Prickeln auf der Haut

INFORMATION

Kurhausstraße 10,
Bad Hall,
Tel. 07258/77 33-0,
www.tassilotherme.at

Anreise: A 1, Abfahrt Sattledt, Kremsmünster, Rohr

Öffnungszeiten: täglich 9–21 Uhr

Wenn das Wasser angenehm warm ist und auf der Haut prickelt, dann regeneriert man sich im Thermal-Mineralwasser in der Therme Bad Hall, die Ende 2008 in neuem mediterranem „Gewand" erstrahlt. Hier ist Wellness oberstes Gebot: Im vergrößerten Badebereich lässt es sich wunderbar entspannen. Die Wassertemperatur im Außenbecken der Therme beträgt über 32 Grad. Von hier und von den Kreislauf schonenden Panorama-Whirlpools im Römerbad aus eröffnet sich ein Blick auf das prächtige Voralpenpanorama. Auch eigene Massageräume zählen zu den angenehmen Neuerscheinungen. Jede Altersstufe ist willkommen: Schon die Allerkleinsten vergnügen sich im Kinderbecken und auf dem Kinderspielplatz oder ziehen sich in den liebevoll

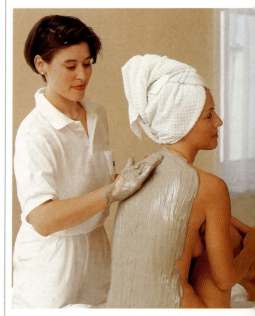

Regenerieren in wohltuender Verpackung.

gestalteten Mutter-Kind-Bereich zurück. Die Erholung verheißenden Schwimmflächen ergänzt eine Saunawelt mit Stadlsauna, Finnsauna, Soledampfkabinen und Grottenpool. Zum Entspannen im Trockenen lädt der gemütliche Ruhebereich. Auch das Angebot im Thermenrestaurant ist mit leichter Küche und Vital-Menüs auf Wellness ausgerichtet.

Die Quelle der Erholung ist in Bad Hall das Jod, um dessen Heilkraft die Menschen aus der Region schon seit mehr als tausend Jahren wissen – sie nutzen sie zur Gesundheitspflege und Vorbeugung. Im Therapiezentrum, dem einzigen Augenheilbad Österreichs, werden Augenleiden mit Jod behandelt. Jodsole wirkt außerdem blutdrucksenkend, durchblutungsfördernd und entzündungshemmend und hilft bei Atemwegserkrankungen. Mit einer speziellen Jodsole-Salbe soll man sogar der Hautalterung vorbeugen können.

Die Therme ist das einzige Augenheilbad Österreichs.

Im Thermal-Mineralwasser kann man sich wunderbar prickelnd erholen.

50 Therme Geinberg
Kurzurlaub in der Karibik

INFORMATION

Tel. 07723/85 00-0,
www.therme-geinberg.at

Anreise: A 8, Abfahrt Ort/Innkreis

Öffnungszeiten: täglich ab 9 Uhr

Auf 3000 Quadratmetern erstreckt sich die beeindruckende Wasserwelt der Therme, die auf unterschiedliche Bedürfnisse ausgerichtet ist.

Schon das Flair macht gute Laune und sorgt für Urlaubsgefühle. Reiseziel: die Karibik – und zwar in der Innviertler Therme Geinberg in Form einer herrlichen Salzwasserlagune. Das Wasser, das mit Salz des Urmeeres versetzt ist, pflegt die Haut und entspannt. 3000 Quadratmeter nimmt das wohltuende Nass in drei Wasserwelten ein. Neben der Salzwasserfläche badet man in wohlig-warmem, gesundem Thermalwasser oder in belebendem Frischwasser: im großzügigen Außen- und Innenbecken, im erfrischenden Sportbecken, unter der Thermenkaskade, im Whirlpool oder Kaltbecken. Auf einer der Wasserliegen kann man sich treiben und in einem der Ruheräume die Gedanken schweifen lassen. Neun Saunen und

Dampfbäder lösen den Stress in heiße Luft auf. In der von Musik untermalten Sphärensauna und kreislaufschonenden Dampfbädern sowie der klassischen finnischen Sauna findet jeder den idealen Stress-Schmelzpunkt. Zur Abkühlung geht es in die Eiswelt mit Schneeparadies und Eisregen. Zwischen Therme und Saunen lohnt ein Besuch im Massagebereich. Zur sportlichen Ertüchtigung wird täglich kostenlos Wassergymnastik angeboten. Wer mehr für seinen Körper tun möchte, sollte das Angebot der Sportwelt ins Auge fassen. Kinder werden täglich von 9 bis 17 Uhr in der Kinder-Oase betreut, dürfen ab drei Jahren aber auch mit den Großen hinein. Nach der erholsamen Zeit bietet es sich an, seinem Gaumen noch etwas Gutes zu tun: Das Restaurant „Aquarium" ist dann genau richtig. Danach „fliegt" man von der „Innviertler Karibik" wieder erholt nach Hause.

Die Salzwasserlagune sorgt für karibisches Flair, ein Bad in einer riesigen Muschel für besondere Zweisamkeit.

WELLNESS UND FITNESS

51 Almsee und Ödseen
Unter der Almtaler Sonnenuhr

Neben der wirklich eindrucksvollen Bergkulisse hat der Almsee wegen seiner Graugänse Berühmtheit erlangt. Der Verhaltensforscher Konrad Lorenz hat diese einst zu seinem Studienobjekt gemacht und uns das Geschnatter der Wasservögel erklärt. Dieses ist der einzige Lärm, der bei der Wanderung den See entlang zu hören ist. Auch das Plantschen der Badegäste hält sich in Grenzen, ist der auf 580 Meter Höhe gelegene See doch meist sehr kalt, obwohl er maximal neun Meter tief ist. Der Reiz des Gewässers liegt sicher in seiner unberührten Natur und dem Blick auf die markanten Gipfel des Toten Gebirges. Zehner-, Elfer- und Zwölferkogel, oft als „Almtaler Sonnenuhr" bezeichnet, ragen schroff über dem Talschluss auf und die Schuttmassen aus der Röll nähern sich scheinbar unaufhaltsam dem See. Wer bei einer Wanderung den Rückweg auf der Straße entlang des Sees vermeiden

INFORMATION

www.oberoesterreich.at/gruenau

Anreise: von Grünau zum Almsee bzw. zum Almtalerhaus

Ort: Grünau im Almtal

Einkehrtipp: Gasthäuser beim See, GH Jagersimmerl, Almtalerhaus

möchte, wandert vom Gasthaus Jagersimmerl bis zum Gasthaus Seehaus und fährt gemütlich mit dem Bus zurück. Noch mehr Ruhe findet man im Naturschutzgebiet der Ödseen, die man vom Jagersimmerl aus auf einer Straße erreicht, die bis zum Almtalerhaus führt. Von dieser gemütlichen Berghütte wandert man in etwa einer halben Stunde zu den etwas versteckt, aber überaus idyllisch im Wald liegenden Ödseen. Vor einem Bad in den erfrischenden Seen kann man auf einem Wanderweg zum Herrentisch in 800 Meter Höhe hinaufsteigen und den unvergesslichen Ausblick in den Talschluss der Hetzau unter dem Großen Priel genießen.

Man kann sich gar nicht sattsehen an dieser malerischen Kulisse mit dem Blick über das Seehaus zur Almtaler Sonnenuhr.

Schwäne fühlen sich sichtlich wohl im Almsee.

SEEN ZUM ENTDECKEN

52 Badesee Klaffer und Urlsee
Aussicht zum Böhmerwald

INFORMATION

Klaffer am Hochficht, www.boehmerwald.at

Anreise: über Aigen und Ulrichsberg nach Klaffer

Öffnungszeiten (Heilkräutergarten): Mai bis Oktober täglich 9–17 Uhr

Tipp: Fischereilizenz für den Urlsee bei der Trafik (0664/344 38 58) und der Teppichweberei Krieg (07280/299) erhältlich.

Es ist Ruhe eingekehrt am Badesee.

Inmitten der grünen Naturlandschaft des Böhmerwalds liegt etwa zwei Kilometer vor Klaffer ein versteckter Badesee, der es wert ist, entdeckt zu werden. Umso mehr, als sich die vier Hektar große Wasserfläche des Badesees Klaffer im Sommer auf durchschnittlich 24 Grad erwärmt. Mehrere schöne Stege führen von den Liegewiesen ins Wasser. Neben einem Kinderbecken sorgen ein Beachvolleyballplatz, ein Skaterpark sowie ein abwechslungsreiches Spielgelände dafür, dass auch beim Nachwuchs keine Langeweile aufkommt. Auf der Terrasse des Badebüfetts genießt man den schönen Blick über das Naturbadegelände. Wer länger bleiben möchte, kann auf dem kleinen Camping-

platz sein Zelt aufschlagen und hier übernachten. Im Winter ziehen Eisläufer über den See und die Eisstockschützen messen sich im Wettkampf um die Zeche beim Wirt. Nicht weit neben dem Badesee finden die Petrijünger ihre Herausforderung. Im etwas größeren Urlsee tummeln sich nämlich Forellen, Karpfen, Zander, Hecht und Weißfische und mit einer Fischerlizenz kann man von März bis Oktober sein Glück versuchen. Beide Seen wurden bereits 1712 als Fischteiche künstlich angelegt. Wer sich für die Welt der Heilkräuter interessiert, findet im 1. Oberösterreichischen Heilkräutergarten neben der Kirche in Klaffer an die tausend verschiedene herrlich duftende heimische Kräuter. Zum Abschluss kann man auf dem sieben Kilometer langen Kräutersteig, der bei der Kirche beginnt, hinunter ins Tal der Großen Mühl wandern. Vorbei an den beiden Seen kommt man wieder zurück nach Klaffer.

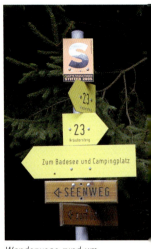

Wanderwege rund um Klaffer.

Auf dem Weg zu den duftenden Heilkräutern.

Badesee Pramet
Auf dem Kulturweg zum Badesee

53

INFORMATION

Tel. 07754/84 50,
www.pramet.at,
www.franzstelzhamer.at

Anreise: über Ried im Innkreis nach Pramet

Tipp: Camping am Ende des Badesees, Einkehr im GH Seeklause

Ein wahres Paradies nicht nur für Baderatten und Petrijünger ist der Badesee Pramet. Sage und schreibe neun verschiedene Fischsorten tummeln sich mit den Badegästen in diesem Gewässer. Und für alle ist genug Platz an diesem idyllischen Ort. Im Jahr 1976 wurde der beliebte Badesee angelegt. Das leicht bräunliche Wasser fühlt sich angenehm weich auf der Haut an. Mehrere kleine aus den umliegenden Wäldern kommende Bäche speisen den drei Hektar großen Stauweiher und sorgen für die Trübung. Das Gasthaus Seeklause, ein Büfett, Spielplätze, Beachvolleyball, großzügige Liegewiesen und der Naturcampingplatz sorgen für die nötige Infrastruktur und Abwechslung. Wem ein ganzer Tag am See zu langweilig wird, für den bietet eine Wan-

Das Stelzhamer-Geburtshaus in Großpiesenham.

derung auf dem Stelzhamer-Kulturweg eine aktive Abwechslung. Der oberösterreichische Heimatdichter Franz Stelzhamer lebte vor 200 Jahren, verbrachte hier seine Kindheit und Jugend und sein Geburtshaus kann noch besichtigt werden. Es ist ein schon seltenes Beispiel der oberösterreichischen bäuerlichen Architektur der damaligen Zeit. 16 Kilometer lang ist der Kulturweg, der unschwierig durch die reizvolle Innviertler Landschaft führt. Man startet beim Badesee und wandert zunächst am Windischhuberbach entlang nach Großpiesenham, besichtigt dort das Stelzhamerhaus und geht weiter nach Pramet. Man kann die Runde noch über Schildorn ausdehnen – das GH Stelzhamerhof lädt hier ein – und über den Muaderlweg zurück nach Pramet und zum Badesee gehen.

Ein Platz zum „Auf der Wiese liegen und mit der Seele baumeln".

54 Feldkirchner Seen
Freizeitspaß in Donaunähe

INFORMATION
www.feldkirchen-donau.at

Anreise: über Ottensheim Richtung Aschach nach Feldkirchen

Geruhsamkeit und Badefreuden, beides ist möglich.

Zu einem Eldorado der Freizeitsportler hat sich das flache Schwemmland rund um Feldkirchen an der Donau entwickelt. Vor allem in den Sommermonaten kommen viele Städter zu den insgesamt fünf Seen, um Abkühlung und Freizeitspaß zu finden. Aus den einstigen Baggerseen wurde ein vielfältig gestalteter Erholungspark. Die jüngste Attraktion ist der 2007 eröffnete Motorikpark. An insgesamt 20 Stationen mit mehr als 60 Einzelgeräten kann der Bewegungshungrige seine persönliche Fitness verbessern. Eine Barfußlaufrunde, eine Dehnoase, Kraft-, Schnelligkeits- und Koordinationsstationen helfen auf originelle Weise, Kondition und Motorik zu trainieren. Wer seine Standfestigkeit auf Wasserskiern oder dem Wake-

board testen möchte, zieht seine Runden auf See Nr. 3. Auf den Tribünen neben dem Start kann man die optimale Kurvenlage der einzelnen Wassersportler und die Höhe der Wasserfontänen gut beobachten. Manch einer wird vielleicht animiert, das selbst auszuprobieren. Gepflegte Liegewiesen gibt es an allen Seen, einen großzügigen Kinderspiel- und Nichtschwimmerbereich am See Nr. 2, am sogenannten Surfsee Nr. 4 findet man einen FKK-Bereich. Daneben gibt es genügend gastronomisches Angebot und für länger Verweilende einen Campingplatz in der Nähe sowie eine Tauchschule. Für Petrijünger ist rund um die Seen Gelegenheit, ihrem Hobby nachzugehen. Nicht weit von den Seen entfernt liegt die 18-Loch-Golfanlage des Golfclubs Donau. Viele nutzen die Anbindung an den Donauradweg Aschach–Linz und kommen mit dem Fahrrad an die Seen.

Es kann auch still sein an den Seen.

Perfekte Kurvenlage ist gefragt.

SEEN ZUM ENTDECKEN

Gleinkersee
Kleinod am Gebirgsrand

Als wärmster Gebirgssee Oberösterreichs empfiehlt sich der Gleinkersee in Windischgarsten nicht nur am Ende einer Bergtour, sondern auch für einen ganzen Badetag. Der idyllisch auf 800 Meter gelegene See wird von den steilen Waldhängen des Seespitz begrenzt. Der Hausberg des Sees kann auf dem Michael-Kniewasser-Steig durch den Seegraben in etwa zwei Stunden bestiegen werden. Belohnt wird man mit einem herrlichen Rundblick über das gesamte Windischgarstnertal und die beeindruckende Bergwelt. Auch zur Dümlerhütte (Ausflug Nr. 71) führen Wege vom See hinauf. Wer etwas mehr Nervenkitzel sucht, der findet in der Flying-Fox-Arena so manche Herausforderung. Dieser Hochseilklettergarten liegt etwas abseits im Wald neben der Liegewiese. Eine Anspannung der ganz anderen Art finden Fischer, die hier nach Hechten, Karpfen, Zander und Forellen angeln. Die meisten Gäste aber genießen die Ruhe, das saubere

INFORMATION

www.gleinkersee.at

Anreise: A 9, Abfahrt Roßleithen

Tipp: Camping am See, Gasthaus Seebauer, Tel. 07562/75 03

Wasser und machen eine gemütliche Bootsfahrt mit einem der Ruder- oder Tretboote über den bis zu 40 Meter tiefen See. Den zwei Kilometer langen Rundweg sollte man allein schon wegen des schönen Blickes vom anderen Seeende hinüber zum Sengsengebirge in Angriff nehmen. So oder so wird man am Gasthaus Seebauer vorbeikommen und den Köstlichkeiten, die mit Bioprodukten aus der Umgebung zubereitet werden, schwer widerstehen können. Etwas ganz Besonderes ist eine Übernachtung am See. Auf dem kleinen Zeltplatz neben dem Gasthaus kann man die Stille und Atmosphäre dieses Sees in der Nacht erleben.

Gleinkersee und Seespitz sind nicht zu trennen, eine schöne Bergwanderung führt vom See hinauf auf den Gipfel.

Genussvolle Einkehr beim GH Seebauer.

Gosauseen
Traumkulisse unterm Dachstein

Der Blick über den Vorderen Gosausee zum Dachstein, der sich im glasklaren Wasser spiegelt, ist wohl das berühmteste Panorama von Oberösterreich. Entsprechend viele Besucher kommen zum 937 Meter hoch gelegenen See am Beginn des Talschlusses. Der Vordere Gosausee ist 1911 durch die Errichtung einer Staumauer entstanden. Hier sind die Talstation der Seilbahn auf die Zwieselalm und der Ausgangspunkt sowohl für die Wanderer, die zum Gosaukamm aufbrechen, als auch für die

INFORMATION

www.gosaunet.at,
www.adamek.at

Anreise: über Bad Ischl nach Gosau und weiter zum Parkplatz beim Vorderen Gosausee

Tipp: Ein schöner Wanderweg führt in 1½ Stunden hinauf zu den Gosauer Schleifsteinbrüchen, die mit dem Löckermoor zur Weltkulturerberegion Hallstatt-Dachstein gehören. Im Sommer sind sie mit dem Bummelzug von Gosau aus erreichbar.

Oberösterreichs Bilderbuchblick: der Vordere Gosausee mit dem Dachstein.

Bergsteiger, die sich auf den langen Weg zum Dachstein machen. Der breite Seeufersteig führt in etwa einer Stunde rund um den bis zu 82 Meter tiefen vorderen See. Wer das Naturerlebnis noch steigern möchte, der wandert über die Gosaulacke zum 1156 Meter hoch gelegenen Hinteren Gosausee und zu der am Seeende gelegenen hinteren Holzmeisteralm, die im Sommer bewirtschaftet wird. Diese Runde erfordert etwa vier bis fünf Stunden Gehzeit.

Auch die Bergsteiger, die zur Adamekhütte und zum Dachsteingipfel unterwegs sind, trifft man hier. Beide Seen sind ausgesprochen kalt, eine ideale Kneippanwendung für die erhitzten Füße nach der Wanderung. „600 Millionen Jahre in 90 Minuten", das ist das Thema des Urzeitwaldes, eines anlässlich der Landesausstellung 2008 errichteten 12 000 Quadratmeter großen Erlebnisparks unweit der Gosauseen. In neun Stationen wird vom Präkambrium bis zur Evolution des Menschen Geschichte in spannend aufbereiteter Form erfahrbar gemacht.

Eindrucksvoller Blick über die Seen auf dem Weg zur Adamekhütte.

Schleifsteine warten auf die Bearbeitung.

SEEN ZUM ENTDECKEN

Innviertler Seenplatte

Holzöster-, Heratinger- und Höllerersee

INFORMATION

Franking, Ibm, Holzöster, St. Pantaleon, www.seelentium.at, www1.innviertel.at

Anreise: A 1, Abfahrt Mondsee oder Thalgau; von Braunau und Ried über Mattighofen

Tipp: Bauerngolf in Franking, das etwas andere Golfspiel: mit Schläger, Holzkugel und Wanderkarte die Gegend rund um Franking erleben; kleine Runde 5 km, große Runde 14 km. Geöffnet von Mitte April bis Ende Oktober

Weit im Westen Oberösterreichs, schon nahe an der Salzburger Landesgrenze liegen die Seen im Gebiet des Ibmer Moores, die nicht nur wegen ihrer warmen Badetemperaturen ein begehrtes Ausflugsziel sind. Die Seen bieten alles, was man zum Wohlfühlen braucht, und einem ausgefüllten Badetag steht nichts im Wege. Der am besten erschlossene und meistbesuchte ist der Holzöstersee. Dieser Moorsee bietet neben Campingplatz und Seebad allerlei vergnügliche Einrichtungen wie Wasserrutschen, Bootsverleih und Gastronomie für jeden Gusto.

Der Heratinger- oder Ibmersee ist der größte der Badeseen in diesem Gebiet. Neben

einem Campingplatz mit Gasthaus findet man ebenfalls ein Strandbad mit Kinderspielplatz. Wer sich zur Abwechslung für einige Zeit vom Baderummel verabschieden will, der macht sich auf den Weg um den 600 Meter langen und 500 Meter breiten Moorsee. Wie ein verstecktes Juwel inmitten dieser sanften Landschaft liegt der ruhige Höllerersee. Beschaulichkeit ist hier angesagt.

Beim Gasthaus Seestüberl, etwas oberhalb des Sees gelegen, gibt es einen Campingplatz. Wer den See in seiner ganzen Ausdehnung erforschen will, kann die Schuhe schnüren und sich auf den Fitness- und Erlebnisweg rund um den windgeschützten See machen. Verbinden sollte man einen Badetag in der Gegend mit einer Wanderung auf dem Moorrundweg im Naturschutzgebiet Pfeiferanger (Ausflug Nr. 24) oder mit einer ausgedehnten Runde Bauerngolf in Franking.

Auch außerhalb der Badesaison findet man reizvolle Stimmungen rund um die Innviertler Seen.

58 Langbathseen
Natur pur im Duett

INFORMATION

www.ebensee.at

Anreise: von Gmunden oder Bad Ischl nach Ebensee und weiter zu den Langbathseen

Tipp: Besuch im Zeitgeschichtemuseum und in der KZ-Gedenkstätte in Ebensee

Schon die Anreise zu diesem Naturjuwel ist an Schönheit nur schwer zu übertreffen. Zuerst der von felsigen Gipfeln umzingelte Traunsee, dann das wildromantische Langbathtal, das erst ab der Kreh etwas breiter wird. Am Ziel, dem Ufer des Vorderen Langbathsees, dann dieser fantastische Blick. Wie ein steinerner Wächter steht der Brunnkogel da und spiegelt, um seine wuchtige Dominanz noch zu unterstreichen, seinen Steinkörper im klaren Wasser des Sees. Der etwa einen Kilometer lange und 36 Meter tiefe See lädt mit seinen Naturbadestränden zu einem vergnüglichen Badetag ein. In einem Kiosk neben dem Parkplatz wird für Verpflegung gesorgt, das Hotel ist derzeit geschlossen, aber es gibt Pläne für einen Neubau. Wer aktiv sein will, der macht sich auf den Weg zur Runde um den Vorderen und Hinte-

Er zieht alle Blicke auf sich: die dominante Erscheinung des Brunnkogels.

Naturjuwel Hinterer Langbathsee, auch bei Regenwetter sind die Stimmungen eindrucksvoll und eine meditative Kraftquelle.

Entspanntes Rollen der Räder.

ren Langbathsee. Zwei gemütliche Stunden dauert die Wanderung, die zunächst am ehemaligen kaiserlichen Jagdschloss vorbeiführt. Dann taucht man ein in die Naturidylle des Hinteren Langbathsees. Am Ende des Sees fällt eine markante Felswand auf: Durch diese führt der immer wieder steinschlaggefährdete Schafluckensteig hinauf ins Höllengebirge. Der kleinere der beiden Seen steht unter strengem Naturschutz, Baden ist hier verboten. Den Weg teilen sich Wanderer und Mountainbiker in friedlichem Nebeneinander oder sie genießen auf einer der zahlreichen Rastbänke die Ruhe. Wer es noch einsamer will, der kommt im Winter und zieht seine Spur auf der acht Kilometer langen Langlaufloipe oder mit den Schlittschuhen über den See.

Offensee
Idylle unterm Rinnerkogel

Von helltürkis bis dunkelblau schimmert das Wasser des sommerlichen Offensees durch die Bäume und verzaubert die Wanderer, die unterwegs sind zur Rinnerhütte im Toten Gebirge. Etwa zehn Kilometer von Ebensee entfernt findet man diesen versteckt liegenden Bergsee. Der unter Naturschutz stehende See ist nicht von allen Seiten zugängig, das schilfumrankte Nordostufer ist ein Rückzugsgebiet für Pflanzen und Tiere. Im Sommer, wenn die Wassertemperatur bis auf 23 Grad ansteigt, findet man sogar an heißen Tagen noch ein Plätzchen zum Baden. Die schönsten Badeplätze liegen am Südufer des Sees bei der kleinen Jausenstation, hier befindet sich auch eine große Liegewiese. Diese ist vom Parkplatz zu Fuß in etwa 20 Minuten erreichbar. Eine Stunde dauert der Rundweg um den See, der mit seinen faszinierenden Spiegelungen die Blicke aufs Wasser lenkt. Im Herbst kehrt Beschaulichkeit ein. Die Bäume leuchten in

INFORMATION

www.ebensee.at

Anreise: über Gmunden oder Bad Ischl nach Ebensee, weiter zum Offensee

Tipp: Eine schöne Wanderung führt von Rindbach bei Ebensee in etwa zwei Stunden zu den Gassel-Tropfsteinhöhlen (geöffnet von Mai bis September samstags, sonn- und feiertags 9–16 Uhr, www.gasselhoehle.at).

den prächtigsten Rottönen, ein einsames Boot gleitet über den See, fast fühlt man sich in die kanadische Wildnis versetzt. Einsame Stille umgibt den See im Winter, nur wenige Spaziergänger stapfen durch den Schnee und einige Skitourengeher machen sich auf den Weg zum Weißhorn. In kalten Wintern bevölkert eine kleine Schar von Eisläufern und Eisstockschützen den See. Im Frühling, wenn Straßen und Wege schneefrei sind, rollen wieder die Mountainbiker, die vom Rindbachtal über die Fahrnau zum See kommen, am Ufer entlang. Unbeeindruckt von alldem ziehen Wildenten und Haubentaucher ihre Kreise.

Ein See zum Verlieben: Wer einmal dem Charme des Offensees erlegen ist, kommt immer wieder.

Ein einsames Boot gleitet über den herbstlichen See.

SEEN ZUM ENTDECKEN

60 Schwarzensee
Sanfte Waldeinsamkeit

> **INFORMATION**
>
> **Anreise:** über Bad Ischl und Strobl am Wolfgangsee zum Schwarzensee
>
> **Tipp:** Der Almstadel und das GH Zur Lore (www.schwarzensee.at) mit großen Terrassen laden am Seeufer zur Einkehr.

Seit über 200 Jahren schon gibt es am Schwarzensee eine Einkehrmöglichkeit, das Gasthaus „Zur Lore". Aber nicht nur diese, auch die idyllische Lage, das klare, erfrischende Wasser des Sees und die Wandermöglichkeiten ziehen von jeher Ausflügler an. Hoch über den anderen, vielleicht bekannteren Salzkammergutseen thront der Schwarzensee auf 700 Meter Seehöhe, eingebettet in eine ruhige, waldreiche Umgebung. Bergahorn, Buche, Esche und Hasel säumen vor allem das Ostufer des Sees. Badende findet man hauptsächlich am gegenüberliegenden Ufer, doch der Ansturm der Badegäste hält sich in Grenzen. Bootsfahrten auf dem See sind untersagt. Die meisten

Wald, wohin das Auge blickt.

Besucher spazieren vom Parkplatz hinab zu den zwei Gasthäusern am See, aber auch zur etwa einstündigen Wanderung um den See wird gerne aufgebrochen. Sehr lohnend ist der Anstieg von Schwarzenbach am Wolfgangsee herauf zum Schwarzensee. Für den Aufstieg wählt man am besten den steileren, aber gut gesicherten Wirersteig. Auf dem wesentlich einfacheren Sattelweg wandert man dann wieder hinab. Die Dauer dieser Rundwanderung beträgt etwa zwei bis drei Stunden. Eine Mountainbikeroute führt vom Schwarzensee hinauf zur wunderschön gelegenen Eisenaueralm. Etwas Kraft in den Waden ist für diese Tour schon notwendig. Lohnenswert ist ebenfalls eine Radtour zurück zu den Almen, die sich vom Ende des Sees entlang des Moosbaches erstrecken. Dieser Abstecher ist auch zu Fuß empfehlenswert und in den Sommermonaten gibt es bei der einen oder anderen Alm sogar eine kleine Stärkung.

Eine schöne Tour führt mit dem Bergrad hinauf zur Eisenaueralm, die idyllisch unter dem Schafberggipfel liegt.

61 Guckerweg in Julbach

Ins Land einigschaut

INFORMATION

www.boehmerwald.at

Anreise: über Rohrbach und Peilstein nach Julbach

Ausgangspunkt: Ortszentrum von Julbach

Gehzeit: 3 ½ Stunden

Anforderung: leichte, familienfreundliche Rundwanderung auf Wald- und Wiesenwegen mit kurzen Asphaltabschnitten

Einkehrtipp: Landgasthof Pernsteiner, GH Koblbauer, GH Hofer

Mit einer originellen Idee wird die Aufmerksamkeit der Wanderer auf dem Guckerweg in Julbach geweckt und vertieft. Dieser etwa 13 Kilometer lange Themenweg ist an sieben Stationen mit fernrohrähnlichen Guckerattrappen bestückt und lenkt so die Blicke auf einzelne besonders sehenswerte Ausschnitte der herrlichen Landschaft des Oberen Mühlviertels. Da gibt es neben zwei Julbachblicken noch den Böhmerwaldblick mit Hochficht, den Zwischenmühlrückenblick, den Zwei-Gemeinden-Blick, den Blick ins Tal der Kleinen Mühl und den Blick auf die Streusiedlung Heinrichsberg. Damit ist schon einiges gesagt über diese Wanderung,

Vom „Guck in die Luft" zum „Guck ins Land".

die vor allem einmal aussichtsreich ist. Der Weg ist mit der Nummer 7 markiert und führt vom Gasthof Hofer in Julbach neben der Kirche vorbei zunächst ins Tal der Kleinen Mühl hinab. Von dort wandert man auf einem Wiesen- und Waldweg hinauf zum höchsten Ausguck dieser Runde und weiter zum Gasthof Koblbauer. Vorbei am Biohof Lindorfer, in dem ein kleines Bauernmuseum zu bewundern ist, und an vier Guckstationen erreicht man die Ortschaft Niederkraml mit dem Landgasthof Pernsteiner. Hier wurden von Herrn Pernsteiner die Guckgeräte entwickelt und angefertigt. Wer am Ende der Runde noch Energie übrig hat, der steigt über die 14 Kreuzwegstationen hinauf zur Kalvarienbergkapelle und zu den Granitblöcken am Drosselstein. Gleich mehrere Quellen entspringen an diesem mystischen Platz, von dem so manche Sage erzählt.

Sieben Guckstationen laden zum bewussten Sehen ein.

Hallstättersee-Runde
Auf dem Ostufer- und Soleleitungsweg

INFORMATION

www.hallstatt.net

Anreise: über Bad Ischl nach Steeg bei Bad Goisern

Ausgangspunkt: GH Steegwirt am Nordende des Hallstättersees

Gehzeit: 4 Stunden

Anforderung: längere, stimmungsvolle Rundwanderung auf abwechslungsreichen Wegen

Einkehrtipp: GH Steegwirt

Nebelfetzen steigen empor und verbinden sich mit dem zwischen dunklen Waldflanken ruhenden See zu einem einzigartigen Bild. Stimmig beginnt diese Tour in der Welterberegion, und das wird sich noch steigern. Zwei Wege wollen wir zu einer Wanderung verbinden. Den Hallstättersee entlang führen einerseits der Ostuferweg und andererseits der Soleleitungsweg und ermöglichen eine Runde. Zusätzlich zum landschaftlichen Zauber trifft man auf die jahrtausendealte Geschichte des Salzberges von Hallstatt. Mit der langsamen Annäherung zu Fuß wollen wir uns dieser Faszination mehr und mehr öffnen. Anfangs auf Nebenstraßen, dann auf guten Steigen und schließlich auf

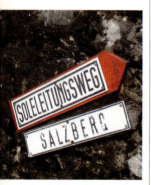

Am Salzberg beginnt der Soleleitungsweg.

Ein anregender Steg führt über den Gosauzwang.

Metallbrücken über dem See führt der schön angelegte Ostuferweg bis zum Bahnhof Hallstatt. Die Fahrt mit dem Schiff zum anderen Ufer in den Ort beeindruckt: Wie ineinander verschachtelt wirken die Häuser am steilen Waldhang. Es ist wie die Reise in eine andere Welt. Vor allem im Herbst, wenn weniger Touristen da sind. Man schlendert durch die Gassen, schaut und genießt. Warm wird einem beim etwas längeren Anstieg vorbei an der katholischen Kirche hinauf zum Soleleitungsweg. Von 1597 bis 1607 wurde diese älteste Pipeline der Welt erbaut, die vom Salzberg in Hallstatt bis Ebensee führt. Hoch über dem See wandert man auf dem teilweise aus dem Fels gesprengten Weg weiter. Auf einer 40 Meter hohen Brücke überquert man die Schlucht des Gosauzwang und kurz vor Steeg zweigt man ab zurück zum Ausgangspunkt.

Die Annäherung mit dem Schiff eröffnet einen unvergleichlichen Blick auf Hallstatt.

Höhenwege Pyhrn-Priel

Wander- und Erlebniswelt Stodertal

INFORMATION

www.pyhrn-priel.net,
www.hinterstoder.at

Anreise: A 9 nach Hinterstoder oder Spital am Pyhrn

Ausgangspunkt: Talstation der Bergbahnen

Gehzeit: zwischen 1 und 4 Stunden

Anforderung: leichte Almwanderungen

Zwei Millionen Jahre in zwei Stunden, das ist das Schlagwort zu einem der neuen Wege in der Stodertaler Wanderwelt. Schon lange ist das Stodertal mit seinen vielfältigen alpinistischen Möglichkeiten den Bergsteigern und Wanderern ein Begriff. Einer der beliebtesten Wege im Tal ist der Flötzersteig, der vom Steyr-Ursprung hinausführt zum Stausee Klaus. Bevor man von Hinterstoder mit der Bergbahn zu den neuen Wegen nach oben schwebt, sollte man im Alpineum vorbeischauen, einer Mischung aus Bergmuseum und Infostelle. Oben in den Almregionen sind mehrere aussichtsreiche Rundwege beschildert. Einer davon, die Alpinrunde, führt vom

Berggasthof auf der Höss Richtung Schrocken. Zwischen Latschengassen wandert man die etwa 200 Höhenmeter hinauf zu den Schafkögeln und weiter zu einer über den Latschen schwebenden Aussichtsplattform. In einer Panoramarundsicht sind Priel und Spitzmauer, Bosruck, Pyhrgas, Hohe Nock und viele andere Gipfel zu sehen und auf Schildern benannt. Doch nicht nur auf der Höss, auch auf der Wurzeralm gibt es Neues zu begehen und zu entdecken. Ein zweistündiger Rundweg führt durch die WurzerNaturErlebnisWelt und in einer Zeitreise zwei Millionen Jahre zurück. Eine Naturbeobachtungsstation und verschiedene Infotafeln erklären neben anderem Alm- und Hochgebirgslandschaft sowie Entstehung und Veränderung der Alpen. Bei geführten Wanderungen können Kinder – ausgerüstet mit Lupen, Mikroskopen und Ferngläsern – die Natur entdecken.

Prachtvoll präsentieren sich Spitzmauer und Großer Priel vom Speichersee und der Aussichtsplattform auf der Hutterer Höss.

AUF WEGEN UND STEIGEN

64 Rund um den Traunstein

Almen, Seen und Felswege

INFORMATION

www.gruenberg-gmunden.net

Anreise: A 1, Abfahrt Regau

Ausgangspunkt: Grünbergseilbahn Gmunden

Gehzeit: 4 Stunden

Anforderung: abwechslungsreiche, längere Rundwanderung; kurze, seilgesicherte Kletterstelle vom Laudachsee zur Hohen Scharte; etwas Ausdauer notwendig

Einkehrtipp: Ramsaueralm am Laudachsee, Mairalm, GH Hois'n mit herrlicher Seeblickterrasse

Den mit 1105 Metern höchsten Punkt dieser eindrucksvollen Wanderung muss man sich mit einigen Schweißtropfen erarbeiten. Kurze, seilgesicherte Passagen führen vom Laudachsee auf dem Gassnersteig hinauf zur Hohen Scharte zwischen Katzenstein und Traunstein. Hier ist Trittsicherheit notwendig, ansonsten ist diese Runde eine wahre Genusstour. Den Ausgangspunkt auf dem 1000 Meter hohen Grünberg erreicht man mit der Seilbahn. Von dort führt der Waldlehrweg durchs Radmoos, vorbei am sagenumwobenen Siebenbrünnlein, in etwa einer Stunde zum Laudachsee. Herrlich liegt

Sagen und Geschichten ranken sich um das Siebenbrünnlein.

dieser kleine Bergsee unter den wilden Abbrüchen des Katzensteins. Die Ramsaueralm lädt zu einer ersten Rast, ehe man zum Rundweg um den See aufbricht und hinauf zur Hohen Scharte. Durch Waldflanken steigt man von dort hinab zu einer Forststraße und erreicht nach zwei Stunden die Mairalm. In der urigen Stube oder auf den Bänken vor der Almhütte kann die Einkehr schon etwas länger ausfallen. Auf einer breiten Forststraße wandert man hinab zum Traunsee. Steil sind die Schotterrinnen, die direkt vom Traunstein herunterziehen zum tief eingeschnittenen Lainaubach. Bei der Lainaubrücke vor dem ersten Tunnel ist der Einstieg zum Naturfreundesteig, der in anregender Routenführung zum Traunsteingipfel führt. Hier verlässt man die Forststraße und steigt hinab bis zum See. Auf dem herrlich angelegten, direkt am Wasser entlang führenden Miesweg umgeht man die Tunnels. Bald erreicht man die ersten Häuser und beim GH Hois'n auch das Linienschiff zurück zum Ausgangspunkt.

Immer am See entlang schlängelt sich der Miesweg über Stege und Brücken und bietet unvergleichliche Blicke über den Traunsee.

65 Rundweg „Auf der Alm"

Almerlebnis am Hengstpass

INFORMATION

www.pyhrn-priel.net

Anreise: A 9 nach Windischgarsten und auf den Hengstpass

Ausgangspunkt: Parkplatz bei der Karlhütte

Gehzeit: 2 Stunden

Anforderung: einfache Rundwanderung auf beschilderten Wegen

Einkehrtipp: Karlhütte, Puglalm und Laussabauernalm, von Mai bis Oktober geöffnet

Ein Sommer auf der Alm ist ein Fest für die Kühe. Sie nehmen nämlich an einem Tag bis zu einem Kilogramm an Gewicht zu. Eine wahre Schmankerltour für den Menschen ist der Rundweg zu den geschichtsträchtigen Almen am Übergang von Windischgarsten ins Ennstal. Nicht nur kulinarische Genüsse werden geboten, auch die landschaftlichen Eindrücke zwischen Kampermauer und Haller Mauern sind von besonderer Güte. Vier Kilometer lang ist der Themenweg, der bestens beschildert und mit Schautafeln versehen ist. Von der Karlhütte geht es hinunter zur Rot-Kreuz-Kapelle, zu der jedes Jahr am 21. September Pilger zur Matthäus-Wallfahrt kommen. Kurz vor der Kapelle zweigt der Proviantweg ab, ein schon

An schönen Tagen sind die Bänke auf der Laussabauernalm gut gefüllt. Gut schmeckt die Jause, eindrucksvoll sind die Blicke zur Kampermauer und in die Haller Mauern.

im 15. Jahrhundert benutzter Versorgungsweg zur Egglalm. Unser Almweg führt am Rot-Kreuz-Bach entlang zur Laussabauernalm. Zwei mächtige Linden unterstreichen die etwa 300-jährige Geschichte dieser Alm. Heute dienen die weitläufigen Almböden zur Mutterkuhhaltung, und die Almhütte mit 35 Schlafplätzen wird gerne für Übernachtungen genützt. Von hier wandert man hinaus, überquert die Hengstpassstraße und auf einem leichten Anstieg erreicht man die altehrwürdige Puglalm. Trittsichere Wanderer nehmen von hier den Weg hinauf zur Kampermauer unter die Sohlen. 350 steile Höhenmeter führt der Karl-Rumplmayr-Steig hinauf auf den exponierten Felsklapf mit Gipfelkreuz und Bankerl. Zurück bei der nahen Karlhütte kann man die Runde bei Spezialitäten aus der Region ausklingen lassen. Aus den zwei Stunden Gehzeit sind mindestens vier Stunden des Entdeckens, Verweilens, Genießens und Schauens geworden.

Eine weitere Einkehrstation auf dem gut beschilderten Almweg ist die Puglalm unter der senkrechten Felswand der Kampermauer.

AUF WEGEN UND STEIGEN

Stillensteinklamm
Vom Theater in die Klamm

INFORMATION

Tel. 07268/70 55,
www.stillensteinklamm.at

Anreise: auf der B 3 nach Grein

Ausgangspunkt: Stadtplatz in Grein

Gehzeit: 4 Stunden

Anforderung: abwechslungsreiche Rundwanderung, auch für gehfreudige Kinder geeignet

Einkehrtipp: Biedermeiercafé Blumensträußl am Stadtplatz Grein

Moosbesetzte Felsen, ein feuchtkühles Klima, üppige Vegetation und rauschende Kaskaden machen Klammen zu einem beliebten Ausflugsziel. In der Nähe von Grein hat der Gießenbach auf seinem ungestümen Weg hinab zur Donau die Stillensteinklamm entstehen lassen. Man kann die Wanderung direkt bei der Mündung des Gießenbaches in die Donau starten. Reizvoller ist es aber, von Grein aus zu einem ausgedehnten Rundweg aufzubrechen und sich dabei langsam der Klamm anzunähern. Dazu wählt man den Weg Nr. 9 und folgt ihm vom Stadtplatz in Grein zuerst durch Siedlungsgebiet, dann in lichtem Wald höher bis zum Werfensteinblick. Tief unten liegt die Donau mit der Insel Wörth, gegenüber thront die Ruine Werfenstein. Von hier steigt man hin-

Spannende Entdeckungen auf dem Weg durch die Klamm.

ab zur Jausenstation Gießenbachmühle, wo der Klammweg beginnt. Vorbei an mächtigen Granitblöcken wandert man entlang rauschender Wasserfälle hinauf bis zum imposanten Felsdach der Steinernen Stube. Vorbei an einem kleinen Stausee erreicht man bald darauf das Ende der Schlucht. Das nahe Gasthaus Aumühle lädt zur Einkehr, ehe man auf dem Höhenweg Nummer 7 durch die abwechslungsreiche Mühlviertler Bauern- und Kulturlandschaft wieder zurückwandert ins Donaustädtchen Grein (Ausflug Nr. 13). In dieser mittelalterlichen Schifferstadt findet man das älteste Theater Österreichs aus dem Jahr 1791. Über der Stadt thront eine der größten Burganlagen Oberösterreichs, die Greinburg, in der sich ein Schifffahrtsmuseum befindet. Die einst hier wegen ihrer Strudel gefürchtete Donau ist längst gezähmt, nur der Name Strudengau ist geblieben.

Bald nach dem Werfensteinblick steigt man hinab zum Klammeingang.

Themenwege in Helfenberg
Bankerl, Sprüche und Geschichte

INFORMATION

www.helfenberg.at

Anreise: über Rohrbach oder Zwettl a. d. Rodl

Ausgangspunkt: Ortszentrum von Helfenberg

Gehzeit: 4 ½ Stunden

Anforderung: kurzweilige, familientaugliche Rundwanderung

Einkehrtipp: Gasthaus Haudum beim Ausgangspunkt. Neben kulinarischen Genüssen bekommt man hier auch Auskunft über das touristische Angebot sowie Wanderkarten und Prospekte. Tel. 07216/62 48, www.haudum.at

Der wohl originellste und vielleicht bekannteste Sessel des Landes steht mitten auf einer grünen Wiese unweit des Schlosses Revertera und ist eine der Attraktionen des Drei-Themen-Weges. Dieser 14 Kilometer lange Wanderweg führt von Helfenberg ausgehend durch das Himmelreich hinauf nach Afiesl und in einem weiten Bogen wieder zurück nach Helfenberg. Drei Themen begleiten die Wanderer auf diesem Weg: Zum einen sind es originelle Sitzgelegenheiten, zum anderen 40 Tafeln mit lustigen, witzigen und geistreichen Sprüchen und über alles spannt sich der Bogen der Geschichte dieser Region, die auf anschaulichen Tafeln immer wieder erklärt wird. Der bestens beschilderte Weg mit der Nummer 85 führt über Wiesen, durch Wälder und kurzzeitig auch auf verkehrsarmen Straßen durch die hügelige Landschaft des Weberlandes. Eine der Attraktionen, zugleich auch der höchste Punkt der Wanderung, ist die 733 m hoch gelegene Waldkreuzkapelle Maria Rast. Schon in heidnischer Zeit war diese

Sprüche zum Schmunzeln begleiten die Wanderer auf dem Drei-Themen-Weg.

Die Waldkreuzkapelle Maria Rast ist ein beliebter Wallfahrtsort.

Stelle ein Kultplatz, 1714 wurde ein Holzkreuz errichtet und 1836 der Steinbau in heutiger Form. Die nahe gelegene Quelle bringt Linderung bei Augenleiden. Im letzten Abschnitt des Weges überquert man die Steinerne Mühl, die in Wittinghausen entspringt. Besonders eindrucksvoll sind hier die durch Wollsackverwitterung entstandenen riesigen Granitsteine im Fluss. Vorbei an einem Kraftwerk mit schönem Rastplatz erreicht man allmählich wieder das im Taleinschnitt der Mühl gelegene Helfenberg. Gut verteilt über die Strecke sorgen Gasthäuser und Jausenstationen für das leibliche Wohl der Wanderer.

Der Sesselsprung von Helfenberg.

68 Weg der Wallfahrer
Der Wolfgang vom Falkenstein

INFORMATION

www.wolfgangsee.at

Anreise: über Bad Ischl oder St. Gilgen nach St. Wolfgang

Ausgangspunkt: Ortschaft Ried, etwa 2 Kilometer nach St. Wolfgang

Gehzeit: 3 Stunden

Anforderung: einfache Wanderung auf Wald- und Schotterwegen, bei den Abstechern Trittsicherheit notwendig, Rückfahrt mit dem Schiff

Einkehrtipp: GH Fürberg, GH Falkenstein

Vier Kilometer soll der hl. Wolfgang seinerzeit seine Hacke geworfen und damit den Bauplatz der Pfarrkirche von St. Wolfgang bestimmt haben. Diese entwickelte sich zu einem bedeutenden Wallfahrerziel in Europa. Vom Kloster Mondsee kamen einst die Pilger über den Falkenstein nach St. Wolfgang. 24 beschilderte Erlebnispunkte dokumentieren die besondere Bedeutung dieses Weges, von den Kultstätten der Urzeit über die christliche Missionierung bis zum Beginn des modernen Tourismus erfährt man Wissenswertes. Von Ried führt der breite Weg hinauf zur Falkensteinkirche und auf dem Kreuzweg steil hinunter zum Gasthaus Fürberg. Zwei Abstecher von diesem Weg sind möglich: Kurz vor und kurz nach dem Falkensteinsattel auf 795 Meter Seehöhe führen markierte Steige zu den Aussichtspunkten Aberseeblick und Scheffelblick. Diese kleinen Umwege sind überaus lohnend, den Blick über den See und in die Bergwelt sollte man sich nicht entgehen lassen. Wieder

zurück auf dem breiten Weg, steigt man schließlich zur Falkensteinkirche empor, der ehemaligen Einsiedelei des hl. Wolfgang. Sie schmiegt sich am Rand einer Waldlichtung schützend an die Felswand. In ihrem Inneren befindet sich eine gern genutzte Wunschglocke. Von nun an geht es nur mehr bergab, relativ steil und direkt führt der Weg vorbei an den Kreuzwegstationen hinunter zum See und hat bald den großen Gastgarten des Gasthauses Fürberg und die Schiffstation erreicht. Vorbei an der eindrucksvollen senkrechten Falkensteinwand fährt man mit dem Schiff zurück nach Ried.

Gar nicht sattsehen kann man sich am Aberseeblick, bevor man sich wieder dem Pilgerweg mit der Falkensteinkirche zuwendet.

Bei der Schifffahrt zurück kann man gelegentlich wagemutige Kletterer in der Falkensteinwand beobachten.

Welterbewanderwelt Krippenstein

Fünf Finger über dem Abgrund

INFORMATION

www.dachsteinwelterbe.at

Anreise: über Bad Ischl nach Obertraun, auch mit dem Zug gut erreichbar

Ausgangspunkt: Talstation Dachstein-Krippenstein-Seilbahn

Gehzeit: 3 bis 4 Stunden

Anforderung: hochalpine Wanderungen ohne Schwierigkeiten, stabiles Wetter notwendig

Einkehrtipp: Dachsteinalm, Lodge am Krippenstein

Gar schauerlich sind die Blicke von der „Five Fingers"-Aussichtsplattform hinunter zum Hallstättersee.

Schon die Fahrt mit der neuen Panoramagondel auf den Krippenstein ist ein Erlebnis für sich. Ist man oben angekommen, wird das Ganze noch gesteigert durch den eindrucksvollen Blick über das weite Plateau bis hinüber zum Dachstein. In nur 20 Minuten erreicht man dann einen Aussichtspunkt der Superlative. Als fünf Finger einer Hand wurde die künstlerische Plattform „Five Fingers" über dem 400 Meter tiefen Abgrund gestaltet. Einer der Finger ist ganz aus Glas, beim nächsten gibt ein Bilderrahmen die Möglichkeit zum ganz persönlichen Welterbebild. Tief unten liegt Hallstatt mit dem Hallstättersee. Von der nahe der Bergstation gelegenen Lodge kann man sich auf den Weg durch diese abwechslungsreiche Hochgebirgslandschaft machen. Der Heilbronner Rundwanderweg führt zunächst hinüber zum Heilbronnerkreuz. Dieses einsame Kreuz

Wandern mit Blick zum Dachstein auf dem schönsten Karstplateau Österreichs.

steht zum Gedenken an eine der größten Bergtragödien in Österreich. 13 Schüler und Lehrer aus Heilbronn verloren Ostern 1954 in dieser Gegend ihr Leben in einem Schneesturm. Weiter führt der breite Promenadenweg Richtung Gjaidalm. Immer wieder findet man auf Tafeln interessante Details zur Karstlandschaft. Ein Wegweiser zeigt einen Abstecher zum Hirzkarsee an. Diesen etwas abseits liegenden kleinen Bergsee sollte man nicht rechts liegen lassen. Er ist ein verstecktes Juwel zwischen den Kalkfelsen. Bei der Gjaidalm erreicht man die Seilbahnstation und das etwas unterhalb liegende Dachsteinalmhaus. Von hier führt ein Nature Trail hinüber zum Wiesberghaus und weiter zur Simonyhütte (Ausflug Nr. 80).

Weißer Germer, auch Nieswurz genannt.

Am versteckten Hirzkarsee.

AUF WEGEN UND STEIGEN

Zehn-Mühlen-Weg in Reichenthal
Von Mühle zu Mühle

INFORMATION
www.reichenthal.at,
www.sterngartl.at;
Mühlenmuseum
geöffnet von Mai bis
Oktober, Führungen
ganzjährig möglich
(Tel. 07214/70 07 oder
07214/40 14)

Anreise: von Freistadt
oder Bad Leonfelden
nach Reichenthal

Ausgangspunkt: Marktplatz in Reichenthal

Gehzeit: 4 Stunden

Anforderung: einfache
Rundwanderung auf
meist ebenen Wald-
und Wiesenwegen und
Nebenstraßen

Einkehrtipp: Jausenstation Grasslmühle
(von Anfang Mai bis
Ende Oktober), Mostbauern entlang des
Weges

Einst klapperte es noch ganz ordentlich entlang des Kettenbaches in Reichenthal nahe der Grenze zu Tschechien. 15 Müller- und Sägebetriebe wurden von seinem Wasser angetrieben. Heute stehen die Mühlenräder still und das romantische Tal lockt viele Wanderer an. Der 14 Kilometer lange Rundweg beginnt am Ende des Marktplatzes in Reichenthal und ist durchgehend mit der Nummer 154 markiert. Schilder entlang der Strecke informieren über die Geschichte der Mühlen. Gleich am Beginn kann man sich im Freilichtmuseum Hayrl einen ersten Eindruck von der Technik des Mehlmahlens und Brotbackens verschaffen. Von nun an sind Begriffe wie Venezianergatter, Quet-

Die sehenswerte Pfarrkirche von Reichenthal.

scher und Walzenstuhl keine Fremdwörter mehr. Man passiert die größte Blumenuhr Europas und weiter geht es auf der Mühlenentdeckungsreise zur Hammer-, Adam-, Lorenz- und Holzmühle. Kurz vor der Holzmühle zweigt ein Weg hinauf nach Eibenstein mit dem mystischen Heidenstein ab (Ausflug Nr. 23). Vorbei an der Süßmühle und entlang der einsamen Grenze erreicht man schließlich die idyllisch gelegene Grasslmühle. Wenn man nicht schon vorher bei einem der Mostbauern eingekehrt ist, so wird man spätestens hier die Rast in der urigen Mühlenstube genießen. Von der Grasslmühle wandert man durchs Grasslbachtal weiter bis zur Altmühle und kommt wieder nach Reichenthal zurück. Einmal im Jahr wird der Mühlenweg zur Laufstrecke, die Schnellsten des Zehn-Mühlen-Laufes absolvieren dann die Strecke in weniger als einer Stunde.

Die Lorenzmühle ist eine von zehn Mühlen entlang des Weges.

71 Dümlerhütte
Am Weg zum Warscheneck

INFORMATION

Tel. 07562/86 03,
www.pyhrn-priel.com/
duemlerhuette

Anreise: A 9, Abfahrt Roßleithen/Windischgarsten, weiter Richtung Vorderstoder oder Gleinkersee

Ausgangspunkt: Roßleithen; Parkplatz Gleinkersee

Gehzeit: Roßleithen (680 m) – Dümlerhütte (1495 m) in 2 ½ Stunden; Gleinkersee (810 m) – Dümlerhütte in 2 ½ Stunden

Öffnungszeiten: 1. Mai bis Ende Oktober

In einer prachtvollen Almlandschaft mit vielen Möglichkeiten für Wanderungen und Bergtouren liegt die beliebte und viel besuchte Dümlerhütte, die nach Max Dümler, dem Lehrer und Initiator des Hüttenbaus, benannt wurde. Sie liegt am Weg zum Warscheneck auf der Stofferalm und ist eine der ältesten Hütten in Oberösterreich, eröffnet wurde sie bereits 1894. In den 1950er-Jahren – damals gab es noch keine Lifte auf der nahe gelegenen Wurzeralm – war die Hütte ein beliebter Stützpunkt für Skitourengeher. Heute ist sie vor allem im Sommer das Ziel vieler Wanderer und Bergsteiger. Wer von Roßleithen aufsteigt, kommt zuerst am historischen Sensenhammer Schröckenfuchs vorbei und nach 15 Minuten Gehzeit weist ein Schild zum nahen Pießling-Ursprung, der größten Karstquelle in Oberösterreich. Eine gute Wahl ist es, den Weg vom Gleinkersee durch den Seegraben und über die Zickalm

als Zustieg zu wählen. Reizvoll ist die etwa dreistündige Rundwanderung, die von der Dümlerhütte über den Halssattel hinüberführt zur Wurzeralm, vorbei am Brunnsteinersee und über den Rote-Wand-Sattel wieder zurück. Ebenfalls drei Stunden dauert der Anstieg über den sogenannten Toten Mann zum 2388 Meter hohen Warscheneckgipfel. Von diesem am Westrand des Toten Gebirges gelegenen Gipfel hat man einen herrlichen Blick über die einzigartige Karstlandschaft. Und bei der Rückkehr ins Tal steht einem erfrischenden Bad im idyllischen Gleinkersee (Ausflug Nr. 55) nichts mehr im Wege.

Die Dümlerhütte ist ein beliebter Rastplatz am langen Weg zum Warscheneck.

Auf herrlich grünen Almböden führt der Weg über den Halssattel zur Wurzeralm.

ALMEN UND HÜTTEN

72 Ebenforstalm
Wollgras, Alm und Wasserschwinde

INFORMATION

Tel. 0664/524 68 77,
www.nationalparkregion.com

Anreise: über Bad Hall und Grünburg nach Molln und weiter in den Bodinggraben

Ausgangspunkt: Parkplatz Scheiblingau am Ende der Straße

Gehzeit: Parkplatz (630 m) – Ebenforstalm (1105 m) in 2 Stunden

Öffnungszeiten: Mitte Mai bis Mitte Oktober

Genussvolle Einkehr bei der Almhütte.

Was ist wohl eine Wasserschwinde? Antwort auf diese und andere Fragen gibt's auf dem 2,5 Kilometer langen Themenweg, der teilweise auf Holzstegen durch das weitläufige Almgebiet der Ebenforstalm führt. Er gibt Einblick sowohl in die Entstehung als auch in die Vielfältigkeit dieser Almlandschaft. Eine Themenwegbroschüre erhält man in den Nationalparkzentren und bei der Almhütte. Wunderschön ist schon der Ausgangspunkt des Almzustieges beim Forsthaus im Bodinggraben, wo man auch eine Jausenstation findet. An Sonntagen im Sommer kann der halbstündige Weg vom Parkplatz entlang der Krummen Steyrling zum Forsthaus bequem mit dem Kutschentaxi zurückgelegt werden. Von hier wandert man durch Mischwald hinauf ins Almgebiet. Die seit 350 Jahren beweidete Ebenforstalm ist ein Kleinod unter den bewirtschafteten Almen im Hintergebirge. Nicht nur wegen des schön angelegten Themenweges und des

Die Goaßkasjause sollte man sich nicht entgehen lassen.

großartigen Blicks auf das Sengsengebirge, sondern auch wegen der freundlichen Almleute und der regionalen Produkte, die hier serviert werden. Von der Alm aus kann man sich auf eine schöne Rundtour begeben. Der Trämpl, einer der Gipfel über der Alm, ist in einer Stunde, der Alpstein in einer weiteren Stunde über den Luchsboden zu erreichen. Zurück bei der Hütte kann man sich mit selbst gemachten „Goaßkas"-Spezialitäten sowie anderen Schmankerln verwöhnen lassen. Wer einige Tage auf der Alm verbringen will, auf den warten Betten und Lager für einen erholsamen Urlaub abseits von Lärm und Hektik.

Dieser Übergang ist für Wanderer reserviert.

Födingeralm
Hüttenzauber rund ums Jahr

In seiner ganzen Pracht, vom Feuerkogel bis zum Brunnkogel, präsentiert sich das Höllengebirge beim Blick von der Terrasse der Födingeralm. Schafberg und Traunstein lassen sich ebenfalls von der netten kleinen Hütte aus erspähen. Oberhalb von Almwiesen gelegen, eignet sie sich bestens für eine Wanderung – und das ganzjährig. Sommers wie winters spaziert man auf der bequemen, vier Kilometer langen Kienesberg-Forststraße hinauf, mit ein paar Abschneidern kann man die Strecke auch abkürzen. Oben angekommen, genießt man neben dem Ausblick

INFORMATION

Familie Gebhart,
Tel. 07664/23 03,
www.waldgasthof-foedinger.at

Anreise: von Weyregg am Attersee in die Ortschaft Bach, weiter Richtung Gasthof Födinger

Ausgangspunkt: Parkplatz am Beginn der Forststraße

Gehzeit:
Parkplatz (526 m) –
Födingeralm (860 m)
in 1 Stunde

Öffnungszeiten: Anfang Dezember bis Ende Oktober

Sonne tanken auf der aussichtsreichen Terrasse.

vor allem Speis und Trank und die gemütliche Hüttenstimmung. Kräftige Hausmannskost, im Herbst Wild und zum Kaffee oder Jagatee köstliche hausgemachte Torten machen das Erlebnis für die Sinne komplett. Im Sommer genießt man die entspannte Atmosphäre der Alm. Im Winter zieht man die Rodel mit hinauf und freut sich schon auf die rasante Abfahrt. Die 1978 erbaute Almhütte war quasi die Bergstation für die im Tal logierenden Hausgäste des Gasthofs Födinger. Doch nicht nur die Födingergäste, auch immer mehr Ausflügler und vor allem die Atterseeurlauber besuchten bald die gemütliche Hütte. Zwei Galerieäume mit offener Küche laden zur Einkehr. Man kennt sich hier oben und an manchen Tagen sitzt man am Stammtisch auch schon einmal in der zweiten Reihe. Und dann passiert es des Öfteren, dass die „Steirische" hervorgeholt oder von den Wirtsleuten ein wohlklingender Zweigesang angestimmt wird. Hausmusik gibt es nämlich bei den Födingers schon lange und Anlässe zum Musizieren finden sich zur Freude der Besucher viele.

Nicht nur an den Töpfen ist der Seniorchef daheim, er nimmt sich auch Zeit, um für die Gäste zu musizieren.

ALMEN UND HÜTTEN

74 Gablonzer Hütte
Ganzjahresziel am Gosaukamm

Kaum ein Anblick in Oberösterreich ist so faszinierend wie der des majestätisch über dem Gletscher aufragenden Dachsteingipfels. Ein geradezu idealer Platz, um dieses Bild stundenlang zu genießen, ist die Terrasse der Gablonzer Hütte hoch über dem Gosausee. Doch nicht nur der Dachstein zieht die Blicke auf sich, auch die wilden Zacken des Gosaukamms beeindrucken die Betrachter. Seit 40 Jahren führt eine Seilbahn bis kurz unter die Hütte. Gleich bei der Talstation beim Vorderen Gosausee beginnt der Zustiegsweg, der sehr abwechslungsreich über die Krautgartenalm hinaufführt zur Hütte auf der Zwieselalm. Die Gablonzer Hütte hat ihren Namen von einer nordböhmischen Sektion des Alpenvereins, die einen Stützpunkt in den 400 Kilometer entfernten Alpen suchte und schließlich auf der Zwieselalm fand. 2004 feierte die Hütte ihr 70-jähriges Bestehen. Die Gablonzer Hütte ist ein idealer Ausgangspunkt für Wanderungen im Gosau-

Blick über die Gablonzer Hütte hinunter ins Hintertal zum aufgestauten Gosaubach.

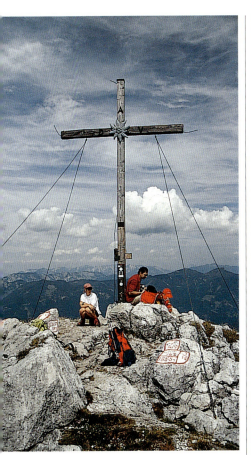

INFORMATION

Tel. 06136/84 65,
www.gablonzer-huette.at

Anreise: über Bad Goisern und Gosau zum Gosausee

Ausgangspunkt: Parkplatz Vorderer Gosausee

Gehzeit: Vorderer Gosausee (940 m) – Gablonzer Hütte (1550 m) in 1½ Stunden

Öffnungszeiten: Mitte Mai bis Ende Oktober, Dezember bis Ostern

Ein Aussichtsgipfel der Superlative: Der Donnerkogel wartet mit eindrucksvollen Blicken in die wilden Zacken des Gosaukamms auf.

kammgebiet. Als erstes Ziel bietet sich der Donnerkogel an, der auf einem gut angelegten Weg bestiegen werden kann. Luftiger ist der Weg über den Intersport-Klettersteig auf den Gipfel. Die Paradetour in diesem Gebiet ist die Umrundung des Gosaukamms in zwei Tagen. Sie führt über die wunderschön gelegene Stuhlalm zur Hofpürglhütte und über den Steiglpass wieder hinab zum Gosausee. Ein idealer Stützpunkt ist die Hütte auch im Winter. Sie liegt direkt im Skigebiet Dachstein-West, das sich von der Zwieselalm über Annaberg und Russbach bis Gosau erstreckt.

Goisererhütte
Zwischen Gosau und Bad Goisern

INFORMATION

Tel. 0664/987 22 41,
www.goisererhuette.at

Anreise: über Bad Ischl nach Bad Goisern oder Gosau

Ausgangspunkt: Parkplatz Ortsteil Ramsau oder in Gosau

Gehzeit: Parkplatz (620 m) – Goisererhütte (1592 m) in 2½ Stunden; Gosau (750 m) – Goisererhütte in 3 Stunden

Öffnungszeiten: Mai bis Ende Oktober, Jänner bis März an Wochenenden

Klein, aber fein präsentiert sich diese urige Berghütte am Übergang von Bad Goisern ins Gosautal. Am Wochenende duftet es nach Schweinsbraten und Kaiserschmarrn und um die Mittagszeit sind die Tische und Bänke auf der Terrasse gut gefüllt. 1933 wurde das Holz für den Hüttenbau auf der etwas unterhalb liegenden Alm geschlägert und in mühevoller Arbeit auf den Hüttenplatz hinaufgezogen. Der Hauptanziehungspunkt ist der Gipfel des Hohen Kalmbergs, der in einer knappen Stunde Gehzeit problemlos erstiegen werden kann. Weitum bekannt ist der beim Anstieg gut erkennbare, an einen Indianerkopf erinnernde Gipfelfelsen. Nicht weit von der Hütte entfernt findet man eine sagenumrankte Höhle, die Kalmooskirche. Hier hielten in Zeiten der Verfolgung Protestanten

ihre geheimen Gottesdienste ab. Drei Wege führen hinauf zur Hütte. Einer geht aus der Ramsau bei Bad Goisern über die Trockentannalm vorbei an der Quelle Dichtlerin in 2 $\frac{1}{2}$ Stunden hinauf, ein anderer über die Hochmuth- und über die Schartenalm. Hier trifft man auf den Weg, der von Gosau über die Iglmoosalmen heraufkommt. Schwierig ist keiner der Zustiege, etwas Ausdauer sollte man für die 1000 Höhenmeter aber mitbringen.

Auch Zweiradbergsportler trifft man nicht selten auf der Hütte, eine reizvolle Strecke führt von Gosau über die Iglmoosalm bis zum Ende der Forststraße unterhalb der Schartenalm. Eine halbe Stunde später genießt man schon den herrlichen Ausblick von der Hüttenterrasse zum Dachstein. An schönen Wochenenden in den Wintermonaten steht die Hütte den Skitourengehern zur Einkehr offen.

Der Indianer vom Kalmberg.

Verdiente Rast auf dem Hochkalmberg inmitten duftender Bergwiesen.

76

Gowilalm
Genuss unterm Pyhrgas

INFORMATION

Familie Gösweiner,
Tel. 07563/382,
www.pyhrn-priel.net

Anreise: A 9, Abfahrt Spital am Pyhrn, Richtung Windischgarsten bis Oberweng

Ausgangspunkt: Parkplatz beim ehemaligen Gasthaus Großalm bzw. bei der Flindermühle

Gehzeit:
Parkplatz (1017 m) – Gowilalm (1375 m) in 1½ Stunden; Flindermühle (850 m) – Gowilalm in 1½ Stunden

Öffnungszeiten: Mai bis Ende Oktober

Geselchtes Rindfleisch, frische Krapfen und manch andere selbst gemachte Köstlichkeiten vom eigenen Biohof im Tal locken vor allem am Wochenende Heerscharen von Wanderern und Mountainbikern auf die Gowilalm. Aber nicht nur das Essen begeistert, sondern auch die Aussicht, die man von den urigen Bänken und Tischen rund um die Hütte genießen kann. Wer davon nicht genug kriegen kann, hat die Möglichkeit, hier zu übernachten. Es gibt drei Zustiegswege hinauf zur Hütte, die alle etwa gleich lang sind. Beim ehemaligen Gasthaus Großalm startet der Weg, der über die Hol-

Der gern besuchte Kleine Pyhrgas belohnt mit prachtvollen Ausblicken.

Nicht nur die herrliche Lage, auch die Almschmankerl locken an schönen Tagen die Wanderer zur Gowilalm.

zeralm auf dem Weg Nr. 618 zur Hütte führt. Etwas weiter unten beginnt der Weg Nr. 617, der entlang des Goslitzbaches ebenfalls über die Holzeralm hinaufführt. Von der Flindermühle geht man auf dem Weg Nr. 616 in direkter Wegführung hinauf. „Gowil" soll übrigens von einem Franzosen namens Gauville kommen, der sich während der Franzosenkriege hier versteckt hielt. Bereits seit 1924 wird die Hütte von Bergwanderern genutzt. Damals baute die Alpenvereinssektion Bad Hall die gepachtete Hütte zu einer Bergsteigerunterkunft um. Viele Besucher steigen von hier auf einem anregenden Steig auf den Kleinen Pyhrgas. 1½ Stunden benötigt man auf den 2023 m hohen Gipfel, Trittsicherheit ist notwendig. Doppelt so lang ist der Weg, der von hier auf dem Bad-Haller-Steig auf den Großen Pyhrgas führt. So mancher aber gibt sich auf der Gowilalm ganz einfach nur dem alten Tourismusmotto hin: auf der Wiese liegen und mit der Seele baumeln.

77 Hochleckenhaus
Oben auf dem Plateau

INFORMATION

Tel. 07666/75 88,
www.alpenverein.at

Anreise: über Steinbach am Attersee und die Großalmstraße; über Ebensee zum Langbathsee

Ausgangspunkt:
Parkplatz Taferlklause;
Parkplatz Kienklause;
Parkplatz Vorderer Langbathsee

Weithin sichtbar ist das markante, 14 Meter hohe Gipfelkreuz auf dem Brunnkogel, einem der Berge auf dem Plateau des Höllengebirges und quasi der Hüttengipfel des Hochleckenhauses. Bis 1925 war dieser Gebirgsstock zwischen Attersee und Traunsee hüttenmäßig nicht erschlossen. Es führten zwar schon Wege vom Tal herauf, Schlafmöglichkeiten gab es aber noch keine. In nur zwei Jahren Bauzeit errichtete dann die Alpenvereinssektion Vöcklabruck die Hütte über den Nordabstürzen am westlichen Rand des Höllengebirges. Damals wie heute ist die Hütte ein beliebtes Wanderziel, sie wurde im Laufe der Jahre zweimal vergrößert und bietet heute Platz für 100 Übernachtungsgäste. An schönen Sommertagen ist die große Terras-

Schöne Wege aus allen Richtungen führen zum Hochleckenhaus.

se schon einmal überfüllt. Kein Wunder bei dieser herrlichen Aussicht über den Attersee!

Mehrere Zustiege führen zur Hütte, der kürzeste ist der Weg von der Taferlklause, der beliebteste und etwas längere Weg führt vom Gasthaus Kienklause herauf. Schon alpiner ist der Anstieg auf dem Schafluckensteig, einem in die Wand gesprengten Weg, der leider immer wieder wegen Steinschlaggefahr gesperrt ist. Er führt vom Hinteren Langbathsee (Ausflug Nr. 58) hinauf auf das Plateau und weiter zur Hütte. Man kann auch direkt auf den Gipfel des Brunnkogels aufsteigen. Wer den Weg vom Hochleckenhaus über das Höllengebirge zum Feuerkogel in Angriff nehmen möchte, hat eine lange und einsame Tagesetappe vor sich. Nicht ganz so lange ist hingegen die Tour über die Brennerin und den Schoberstein nach Weißenbach am Attersee.

INFORMATION

Gehzeit: Parkplatz Taferlklause (800 m) – Hochleckenhaus (1572 m) in 2 Stunden; GH Kienklause (621 m) – Hochleckenhaus in 2½ Stunden; Langbathsee (664 m) – Brunnkogel (1708 m) – Hochleckenhaus in 4 Stunden

Öffnungszeiten: Ostern bis Ende Oktober

Zwei Augen im Wald, die Langbathseen, vom Schafluckensteig aus gesehen.

78 Pettenfirsthütte
Unterwegs im Wald der Kinder

INFORMATION

Tel. 0664/412 10 39 (Hütte),
www.waldderkinder.info

Anreise: über Vöcklabruck oder Ried i. I. nach Zell am Pettenfirst

Ausgangspunkt: Parkplatz bei der Volksschule

Gehzeit: Zell (650 m) – Pettenfirsthütte (710 m) in 45 Minuten

Öffnungszeiten: Anfang Mai bis Ende Oktober ab 13 Uhr (montags Ruhetag), im Winter samstags ab 13 Uhr, Gruppen bitte anmelden

Gemeinsam auf eine lustige Entdeckungsreise gehen, das ist das Motto einer Wanderung im Wald der Kinder. Auf zwei Kilometer Weglänge werden nicht nur Kinder großen Spaß haben und noch mehr Eindrücke gewinnen. Man startet die Erlebnistour bei der Volksschule in Zell, dort wird in einem eigenen Starthaus die Geschichte des Waldes erzählt. Dann folgen verschiedene Stationen. Von „Hausruck im Auge" über Dschungelwege, Wasserwelten, Klangspiel, Innenleben bis Fern-Sehen reicht die Palette der angebotenen Wahrnehmungsmöglichkeiten. Beim Liegen auf dem Waldbett lauscht man dem Rauschen des Windes in den Baumwipfeln, beim Barfußgehen spürt

Eine kurzweilige Wanderung mit spannenden Stationen.

100 AUSFLÜGE IN OBERÖSTERREICH

man die besondere Beschaffenheit des Waldbodens, auf schwimmenden Blättern balanciert man über den Teich und auf den Hüpfpilzen versucht man, sich im Gleichgewicht zu halten. Obwohl der Weg zur Hütte ohne Probleme in einer Stunde zu gehen ist, sollte man viel mehr Zeit einplanen, damit all die kleinen und großen Entdecker ausreichend Gelegenheit haben, diese spielerischen Reisestationen zu genießen. Schon im Wald selbst sind seine kleinen, vulkanähnlichen Erhebungen zu erkunden. Nach dem Durchkriechen des Fuchsbaus und dem Klettern am Ausguck erreicht man die sehr schön gelegene Hütte mit großer Terrasse und tollen Blicken zum Attersee. Erbaut wurde sie bereits 1948, inzwischen wurde sie erweitert und mit einem Nebengebäude ergänzt. Hier finden 25 Personen für gemütliche Feiern Platz. Neben dem Anstieg durch den Wald der Kinder gibt es weitere Zustiegsmöglichkeiten, nämlich von Thomasroith und der Bahnstation Bergern.

Zielstrebig geht es nach dieser lustigen und spannenden Entdeckungsreise der einladenden Hütte entgegen. Groß und Klein haben sich eine Stärkung verdient.

79

Schobersteinhaus und Grünburger Hütte

Zwischen Trattenbach und Molln

INFORMATION

Tel. 07584/20 35 (Schobersteinhaus),
Tel. 07257/83 00 (Grünburger Hütte),
www.alpenverein.at
www.naturfreunde.at

Anreise: über Steyr nach Trattenbach oder Molln

Ausgangspunkt: Gasthaus Klausriegler in Trattenbach; Dorngraben; Rodatal oder Rieserberg von Molln aus

Sanft sind die Berge im Land vor den Alpen, und doch findet sich hier die eine oder andere Felswand. Auf dem Gipfel des Schobersteins etwa soll man keinen unbedachten Schritt machen, senkrecht zieht die Wand hinunter. Der Gipfelfelsen, von dem man eine vielfältige Aussicht hat, ist nur einen Steinwurf von Schobersteinhaus entfernt. Seit 80 Jahren wird dieses Ausflugsziel begangen, auch im Winter ist vom Gasthaus Klausriegler herauf immer ein Weg gespurt. Nicht weniger gerne besucht ist die etwa

Ein beliebtes Ziel für Mountainbiker ist die Grünburger Hütte.

2 ½ Stunden entfernt liegende Grünburger Hütte. Diese wurde 1927 erbaut und hatte damals sogar ein eigenes Damenschlafzimmer. Im Winter prägen hier vermehrt Skitourengeher das Bild, die aus dem Rodagraben dem Hochbuchberg aufs Haupt steigen. Im Sommer gesellen sich zu den Wanderern die Mountainbiker, die aus dem Dorngraben heraufradeln.

Mit der Verbindungsstraße hinüber zum Schobersteinhaus erschließt sich den Bergradlern ein weitläufiges Radwegenetz. Aber der Hauptanziehungspunkt sind nach wie vor die zahlreichen Wanderwege, die sowohl aus dem Steyr- als auch aus dem Ennstal hinaufführen und die man zu schönen Rundtouren verbinden kann. Neben dem Schoberstein sind noch der Hochbuchberg und das Dürre Eck gerne bestiegene Gipfel. Obwohl beide Hütten meist von Tagesgästen besucht werden, sind sie idealer Stützpunkt für eine Feier im Freundes- oder Familienkreis, verbunden mit einer urigen Hüttenübernachtung. Freunde bodenständiger Hausmannskost kommen in beiden Hütten auf ihre Rechnung und dementsprechend groß ist an schönen Wochenenden der Andrang.

INFORMATION

Gehzeit: zum Schobersteinhaus (1260 m) in 1 Stunde; zur Grünburger Hütte (1080 m) in 1 ½ bis 2 ½ Stunden

Öffnungszeiten: beide Hütten ganzjährig geöffnet; Schobersteinhaus montags und dienstags Ruhetag, Grünburger Hütte im Winter nur an den Wochenenden und in den Ferienzeiten offen

Blick vom Gipfel zum Schobersteinhaus.

80 Wiesberghaus und Simonyhütte

Auf den Spuren von Friedrich Simony

INFORMATION

Tel. 06134/206 20,
www.naturfreunde.at;
Tel. 0664/918 41 74,
www.simonyhuette.at

Anreise: über Bad Goisern nach Hallstatt oder Obertraun

Ausgangspunkt: Hallstatt Echerntal, Talstation Dachstein-Krippenstein-Seilbahn

Gehzeit: Hallstatt/Echerntal (511 m) – Wiesberghaus (1873 m) in 3½ Stunden – Simonyhütte (2203 m) in 1½ Stunden

Öffnungszeiten: ganzjährig (November und April geschlossen)

Von den tosenden Wasserfällen des Echerntals bei Hallstatt führt ein geschichtsträchtiger Weg hinauf zum Dachstein. Es ist jene Route, die einst schon Friedrich Simony, der Geograf und Dachsteinforscher, bei seinen Touren hinauf aufs Dachsteinplateau und auf den Gipfel wählte. Der Weg wurde 1890 fertiggestellt und Kaiser-Franz-Josef-Reitweg genannt. Vorbei an der Tropfwand und der Wiesalpe erreicht man zunächst das Wiesberghaus als erste Bergsteigerunterkunft auf dem Weg zum Dachstein. Auf dem gut ausgebauten Weg geht es höher zur schon 1877 erbauten Simonyhütte. Dabei kommt man an der

Ganzjähriges Ziel: das Wiesberghaus.

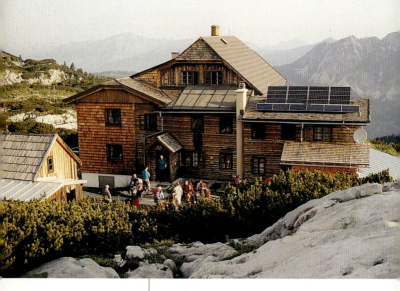

„Hotel Simony" genannten ersten Notunterkunft am Dachstein vorbei. Dies ist eine nach außen mit Steinen abgeschlossene Felsnische. Das Wiesberghaus der Naturfreunde und die Simonyhütte des Alpenvereins wurden zu modernen alpinen Ausbildungszentren ausgebaut. Man nutzt die Möglichkeiten der alpinen Umgebung und zudem machen Übungsklettersteige und überdachte Kletterwände wetterunabhängig. Wem der Weg von Hallstatt herauf zu lang ist, für den gibt es eine herrliche Alternative. Ein acht Kilometer langer, gut ausgebauter Nature Trail führt von der Seilbahnstation Gjaidalm hinüber zum Wiesberghaus und über die Simonyhütte wieder zurück zur Gjaidalm. Auf Tafeln erfährt man Interessantes zu Geologie und zur Pflanzen- und Tierwelt des Dachsteingebietes. Planen Sie eine Übernachtung auf einer der Hütten ein und lassen Sie sich verzaubern von jener Region, die einst auch Friedrich Simony nicht mehr losließ.

Die Simonyhütte ist eine der ältesten Bergsteigerunterkünfte am Dachstein.

Der Taubenkogel am Weg zur Gjaidalm.

ALMEN UND HÜTTEN | 171

81 Böhmerwaldrunde
Moldaublick und Schwemmkanal

INFORMATION
www.boehmerwald.at

Anreise: über Rohrbach nach Aigen-Schlägl

Ausgangspunkt: Haagerhof in Oberhaag

Distanz: 30 km

Anforderung: schöne, nicht allzu lange Radtour auf teils geschotterten, teils asphaltierten Straßen; längere Steigung hinauf zur Moldaublickwarte; Wanderung zum Bärenstein

Von Aigen-Schlägl führt eine Straße hinauf nach Oberhaag zum Parkplatz beim Gasthaus Haagerhof. Hier startet die abwechslungsreiche Runde durch diese immer noch einsame Grenzregion. Man folgt zunächst noch der Straße Richtung Moldaustausee, bis man den Schwemmkanal (Ausflug Nr. 29) bei der Bayrischen Au erreicht hat. Auf dem breiten Schwemmkanal-Begleitweg radelt man gemütlich vorbei an restaurierten Schleusen bis zur netten Jausenstation Blauer Hirsch in Sonnenwald. Ab hier heißt es kräftig in die Pedale treten. Über 200 Höhenmeter steigt die Asphaltstraße hinauf nach Schöneben und weiter zum Moldaublick an.

Vom 1967 erbauten Aussichtsturm hat man beeindruckende Ausblicke über die ausge-

dehnten Wälder und weit hinein in die böhmische Landschaft. Ein schöner Forstweg führt weiter nach Grünwald zum Gasthaus Panyhaus. Hier parkt man die Räder und macht sich auf zu einer kurzen, aber sehr lohnenden Wanderung. Ein breiter Waldweg führt hinauf zum höchsten Punkt dieser Tour, zu den Felsformationen am 1077 Meter hohen Bärenstein. Vom Gipfelkreuz und der Aussichtskanzel schweift der Blick über die Wälder.

Für den Rückweg zum Panyhaus kann man den zweiten markierten Weg wählen, der bei einer Forststraße wieder in den Nordwaldkammweg mündet und auf diesem zum Panyhaus zurückführt. Das letzte Stück zurück mit dem Rad geht auf Asphalt.

Am Ende der Ortschaft Grünwald, bevor man in den Wald kommt, zweigt die Nebenstraße nach links ab und führt geradewegs zurück nach Oberhaag.

Direkt am Schwemmkanal entlang führt die Radtour zur gemütlichen Jausenstation „Blauer Hirsch".

82

Brucknerradweg
Musikalische Fahrt zu den Römern

INFORMATION

www.antonbrucknercentrum.at,
www.landesmuseum.at
(Sumerauerhof)

Anreise: A 1, Abfahrt Ansfelden

Ausgangspunkt: Ansfelden Ortszentrum beim Anton Bruckner Centrum

Distanz: 38 km

Anforderung: schöne, nicht allzu lange, aber abwechslungsreiche Radtour auf asphaltierten Nebenstraßen und Radwegen, Beschilderung: R 14 und R 4

Voll bepackt mit kulturellen Höhepunkten ist diese Radtour, bei der aber auch das Landschaftserlebnis nicht zu kurz kommt. Passiert man doch das Natura-2000-Gebiet der Traunauen mit dem stillen, etwas versteckt liegenden Großen Weikerlsee. Aber alles der Reihe nach. Wir starten die Tour in Ansfelden, dem Geburtsort Anton Bruckners. Das Anton Bruckner Centrum und das Geburtshaus des berühmten Komponisten sind erste Anziehungspunkte, bevor man sich entlang der Straße nach St. Florian auf den Weg macht. Nach zwei Kilometern trifft man auf den R 14, auf dem man über die Ortschaften Rohrbach und Ölkam St. Florian erreicht. Das Augustiner Chorherrenstift und die Stiftskirche mit der Bruckner-Orgel beeindrucken von jeher die Besucher (Ausflug Nr. 11). Weiter führt uns die kulturelle Entdeckungsreise auf Nebenstraßen zum Freilichtmuseum Sumerauerhof und weiter nach Enns. Bis in die Keltenzeit reicht die Geschichte der ältesten Stadt Österreichs zu-

Pause im Grün der Felder um St. Florian.

Der Geist von Anton Bruckner unter dem Kirchturm von Ansfelden.

rück. Auf dem Stadterlebnisweg „Via Historica" wird man ausgehend vom Museum Lauriacum durch die Altstadt zur Basilika in Lorch mit den bedeutenden Ausgrabungen geführt. Vorbei am Kraftwerk Abwinden-Asten radelt man auf dem Traunradweg R 4 Richtung Ebelsberg. Der Kleine Weikerlsee lädt im Sommer zu einem erfrischenden Bad, rund um den Großen Weikerlsee gibt es beschilderte Rundwege, die in die Vielfalt der geschützten Traun-Donau-Auen hineinführen. Gemütlich folgt man von hier weiter dem Radweg entlang der Traun und kommt auf dem R 14 wieder zurück zum Ausgangspunkt.

Im Visier der Radfahrer: die Türme der Stiftskirche St. Florian.

83 Eferdinger Landlrunde

Mostalleen und Gemüsefelder

INFORMATION

Anreise: auf der Bundesstraße nach Eferding

Ausgangspunkt: Stadtplatz Eferding; GH Bründl im Fall (Wilhering); jeder andere Punkt der Rundtour

Distanz: 59 km

Anforderung: einfache Radtour auf meist asphaltierten Nebenstraßen und Wegen, durchgehend beschildert als R 18

Tipp: Besuch der Gedenkstätte für NS-Euthanasieopfer im Schloss Hartheim bei Alkoven

Gelassen blicken die Kühe dem Radfahrer am R 18 hinterher.

Schwer hängen die Früchte auf den Ästen in den Mostbaumalleen der Scharten, aber bald schon wird ihr Saft in den Fässern zur wohlschmeckenden „Landessäure" heranreifen. Dies ist einer der Eindrücke auf dieser Radrunde, die weiterführt hinab ins Eferdinger Becken mit seinen ausgedehnten Gemüsefeldern. Einer der Startpunkte für die Eferdinger Landlrunde ist beim Gasthaus Bründl im Fall zwischen Wilhering und Alkoven. Bis Pasching fährt man großteils auf dem Geh- und Radweg neben der Straße. Gemütlich geht es weiter durch die weitläufige Landschaft mit Blicken bis ins Gebirge. Schon beim Schober am Aichberg hat man den höchsten Punkt der Tour erreicht. Die Abfahrt hinunter ins Eferdinger Becken ist ein purer Genuss und von Zeit zu Zeit scheint man in ein grünes Meer einzutauchen, denn mannshohe Maisfelder säumen die Straßen. Eferding ist bald erreicht. Aber die Stadt lässt man zunächst rechts liegen und radelt weiter in die Brandstatt. Nicht nur die Donau lockt

Abwechslungsreiche Landschaft auf dem Weg in die Scharten.

die Radfahrer hierher. So mancher kann der Verlockung eines köstlichen Fisches im direkt an der Donau liegenden Gastgarten des Gasthauses Dieplinger nicht widerstehen. Dann aber geht es endgültig nach Eferding und diesmal sollte man sich den schönen Stadtplatz nicht entgehen lassen. Die Weiterfahrt durch die Gemüsefelder führt vorbei am Rosenhof Rosarium, der ebenfalls einen Besuch wert ist, und nutzt ruhige Nebenstraßen nach Alkoven. Die letzten Kilometer zurück zum Ausgangspunkt sind ohne Steigungen und garantieren ein entspanntes Ausrollen.

84

Ennstalradweg
Von Steyr nach Weyer

Vom Ausgangspunkt, der Romantikstadt Steyr (Ausflüge Nr. 16, 99, 100), radelt man auf den Spuren der Feitelmacher von Trattenbach, der Nagelschmiede von Losenstein und der Holzknechte aus dem Hintergebirge, bis man zum Abschluss bei den Händlern von Weyer anlangt. Das alles ist Geschichte und diese Radtour ist auch eine Reise in die Vergangenheit der Region Eisenwurzen. Auf dem bestens beschilderten Weg passiert man Garsten, Ternberg und erreicht bald Trattenbach mit dem Trattenbacher Riesenfeitel. Idyllisch ist der Weiterweg, Schafe weiden an den Hängen, Boote dümpeln im grünen Wasser und einige der Bauernhöfe entlang des Radweges laden zur Stärkung. Allmählich verändert sich die Landschaft, die Hügel werden steiler und bei Losenstein zieht der markante Felsklotz des Schiefersteins die Blicke auf sich. Bald erreicht man Reichraming, das viel zitierte Tor zum Hintergebirge. Hier sollte man im Nationalpark-

INFORMATION

www.nationalpark
region.com

Anreise: am besten mit dem Zug bis Steyr

Ausgangspunkt: der historische Stadtplatz in Steyr

Distanz: 55 km

Anforderung: leichte Radtour mit einigen kleinen Steigungen, meist auf asphaltierten Radwegen, durchgehend beschildert, Rückfahrt mit dem Zug

Vorbei am Trattenbacher Feitl führt der Ennsradweg bis zur Katzensteiner Mühle in Weyer.

Besucherzentrum Ennstal einen informativen und spannenden Zwischenstopp einlegen. Über einige Steigungen gelangt man nach Großraming, die letzten Kilometer nach Weyer bereiten dann keine Probleme mehr. Bei Kastenreith überquert man die Enns und vorbei am Ennsmuseum und an der Katzensteiner Mühle erreicht man entlang des Gaflenzbaches Weyer. Prunkvolle Hausfassaden erinnern an den einst bedeutenden Handelsort. Bis ins 19. Jahrhundert war Weyer das wirtschaftliche Zentrum des mittleren Ennstales. Bequem ist der Rückweg: In Kastenreith besteigt man den Zug und noch einmal zieht die herrliche Landschaft entlang der Enns vorüber.

Auf Nebenstraßen und Radwegen rollt man der Enns entlang.

85

Hausruck Nord
Vom Aschachtal zum Sauwald

INFORMATION

Freizeitkarte Hausruck-Nord, zu bestellen unter Tel. 07276/22 55-18, stadt@peuerbach.ooe.gv.at

Anreise: von Eferding oder Grieskirchen nach Waizenkirchen

Ausgangspunkt: Parkplatz beim Wasserschloss Weidenholz (Waizenkirchen)

Distanz: 45 km

Anforderung: abwechslungsreiche Radtour auf asphaltierten Nebenstraßen mit einigen Steigungen, im Uhrzeigersinn beschildert

Tipp: Rast bei der Naturerlebnisinsel im Naturschutzgebiet Koaserin mit Blick zum Leitenbach, der in großen Mäandern durchfließt.
www.naturschutzbund-ooe.at/koaserin.html

Fruchtbares Hügelland, die Geschichte der Bauernkriege und der Mühlen, Feucht- und Sumpfwiesen und viel Wald – das sind die Highlights dieser Tour. Zwischen dem Sauwald im Norden und dem Aschachtal im Süden führt die Strecke von Waizenkirchen ausgehend in den nördlichen Teil des Hausruckviertels. Sie ist ein Teil der beschilderten und insgesamt 84 Kilometer langen Hausruck-Nord-Radroute. Der erste Teil von Waizenkirchen bis in die Ortschaft Teucht folgt den Schildern entgegen dem Uhrzeigersinn. Dazu überquert man beim Parkplatz die Bundesstraße und fährt geradeaus durch eine Siedlung in die Ortschaft Hausleiten und weiter nach Heiligenberg. Kurz nach dem Friedhof zweigt links die Straße nach Laab ab und führt in einen der schönsten Streckenabschnitte dieser Tour, das Naturschutzgebiet Koaserin und das anschließende Leitental. Sieben Mühlen und zwei Schmieden wurden einst vom Leitenbach angetrieben, heute stehen die Mühlräder und Ambosse still. Von der Ortschaft Teucht fährt man wei-

Vorbei an blühenden Wiesen durch das nördliche Hausruckviertel.

Mehrmals auf der Route trifft man auf den idyllischen Leitenbach.

ter nach Tresleinsbach und über Gaisbuchen, Pfeneberg und Moos erreicht man schließlich die Filialkirche St. Sixt. Inzwischen sind die Hügel mehr und mehr bewaldet, man hat die ursprüngliche und einsame Gegend des Sauwaldes erreicht. Über Sittling, Ratzling und Etzing fährt man weiter nach St. Agatha. In diesem wunderschön gelegenen Luftkurort wurde einst der Bauernkriegsführer Stefan Fadinger geboren. Über Riesching geht es in flotter Talfahrt hinab nach Esthofen und bald darauf ist man wieder zurück beim Wasserschloss.

Eines der kleinen Sägewerke im Tal der sieben Mühlen.

TOUREN MIT DEM RAD

86 Hintergebirgsradtour
Auf den Spuren der Waldbahn

INFORMATION

www.nationalpark
region.com

Anreise: durch das Ennstal bis Großraming und weiter bis in die kleine Ortschaft Brunnbach

Ausgangspunkt: Parkplatz unweit der Brunnbachschule

Distanz: 30 km

Anforderung: anspruchsvollere Tour auf guten Forststraßen; gesamte Strecke markiert; Tunnels beleuchtet; längerer Anstieg zum Hirschkogelsattel

Tipp: Wer sich den Anstieg zum Hirschkogelsattel ersparen möchte, kann beim Schleierfall umkehren und entlang des Großen Baches und des Pleißabaches gemütlich zurückfahren.

Mitten hinein in die Waldberge des Hintergebirges, die ob ihrer Schönheit und Ursprünglichkeit zum Nationalpark wurden, führt diese landschaftlich überwältigende Radtour. Als Ausgangspunkt eignet sich Brunnbach, eine kleine ehemalige Holzfällersiedlung. Gleich neben dem Parkplatz kann man eine alte Lokomotive der Hintergebirgsbahn besichtigen. Der erste Teil der Strecke führt auf der Trasse der 1971 eingestellten Waldbahn zunächst den Pleißabach entlang bis zu dessen Einmündung in den Großen Bach bei der Mairalm. Jetzt kommt einer der schönsten und spektakulärsten Abschnitte. Bald erreicht man vor dem ersten Tunnel die Große Klause. Ein kurzer Fußweg führt hinab zum eindrucksvollen Blick in den engen Felsdurchbruch, wo einst unter harten Bedingungen Holz geschwemmt wurde. Immer steiler und höher werden nun die Wände, zahlreiche Tunnels – die dank Solarzellen beleuchtet sind – ermöglichen, dass früher die Bahn und heute die Radler hier fahren können.

Blick in die Große Klause.

100 AUSFLÜGE IN OBERÖSTERREICH

Was gibt's da wohl zu sehen?

Der Triftsteig, ein Klettersteig, führt nicht hinauf, sondern in etwa fünf Meter Höhe über dem Fluss, hier bietet sich ein besonders intensives Erleben für klettersteiggeübte Wanderer. Am Schleierfall vorbei erreicht man bald die Abzweigung zum Hirschkogelsattel. Links weg über eine Brücke und dann gleich wieder links führt die Forststraße stetig bergauf. Etwa einen Kilometer vor dem Sattel kann man zur bewirtschafteten Anlaufalm hinauffahren. Ab dem Hirschkogelsattel geht es dann nur mehr bergab hinunter zum Gasthaus Stonitsch und hinaus nach Brunnbach.

Eindrucksvoll ist die Fahrt durch den wildesten Teil der Schlucht.

87 Innradweg
Zwischen Reichersberg und Schärding

INFORMATION

www.innregionen.com,
www.schaerding.at

Anreise: A 8 nach Schärding

Ausgangspunkt: Stadtplatz von Schärding

Distanz: 44 km Reichersberg und zurück; 12 km Wernstein und zurück

Anforderung: leichte Radtour auf dem beschilderten Innradweg

Tipp: Ein besonderes Erlebnis ist eine Schifffahrt auf dem Inn, die von April bis November von Schärding nach Wernstein und wieder zurück angeboten wird; Fahrradtransport ist möglich.
Tel. 07712/73 50,
www.innschifffahrt.at

Die farbenfrohen barocken Bürgerhäuser von Schärding gehören zu den schönsten städtischen Ensembles in Österreich. Erbaut wurden die Häuser von wohlhabenden Bürgern und der Name Silberzeile am Oberen Stadtplatz kommt wohl nicht von ungefähr. Von hier ausgehend wartet die Region entlang des Inn mit einigen kulturellen und landschaftlichen Höhepunkten auf. Nur 22 Kilometer sind es bis Reichersberg, wo das Augustiner Chorherrenstift zur Besichtigung einlädt. Für die Gartenanlage im Innenhof, die Stiftskirche, die Bibliothek und das Schwanthalermuseum sollte man etwas Zeit einplanen. Zurück nach Schärding kommt man auf demselben Weg oder man fährt die vier Kilometer weiter stromaufwärts nach Obernberg, bewundert dort einen der schönsten Marktplätze Oberösterreichs und überquert anschließend den Inn. Auf der bayerischen Seite führt der Radweg wieder am Inn entlang zurück nach Schärding. Auch stromabwärts lohnt sich eine Runde, die man

Bild linke Seite: Scheinbar im Inn versunken: Stift Reichersberg.

noch leicht anhängen kann. Sie führt nach Wernstein mit dem nicht weit entfernten Kubin-Haus in Zwickledt, wo der berühmte Maler Alfred Kubin gelebt und gearbeitet hat. Auf der bayerischen Seite, die über eine Radbrücke erreicht wird, beeindruckt die Neuburg mit ihren fünf Türmen. Durch die Vornbacher Enge erreicht man Neuhaus und kommt über die Brücke nach Schärding zurück. Nicht selten macht ein Radausflug am Inn Gusto auf mehr. Der insgesamt 517 Kilometer lange Innradweg startet im Schweizer Engadin und führt durch eindrucksvolle Landschaften bis nach Passau.

Direkt am Inn liegt die Barockstadt Schärding. Von hier aus kann man auf schönen Radwegen die kulturellen und landschaftlichen Reize dieser Region erkunden.

88 Schlögener Schlingentour
Auf dem Donauradweg nach Aschach

INFORMATION

Tel. 0732/78 36 07,
www.donauschiffahrt.de

Anreise: von Eferding nach Engelhartszell

Ausgangspunkt: Schiffsanlegestelle Engelhartszell

Distanz: 40 km

Anforderung: leichte Radtour auf ebenen Radwegen entlang der Donau

Auf ihrem mehr als 2800 Kilometer langen Weg durchfließt die Donau zehn Länder, bis sie sich am Ende der Reise vom Schwarzwald über das riesige Donaudelta ins Schwarze Meer ergießt. Einer der schönsten Abschnitte ist das oberösterreichische Donautal zwischen Engelhartszell und Aschach mit der einzigartigen Schlögener Schlinge. Diese Genussradtour startet in Engelhartszell, wo das berühmte Trappistenkloster Engelszell einen kurzen Abstecher lohnt. Nach einer Kostprobe der berühmten Klosterliköre überquert man auf der Fähre die Donau und startet die Fahrt entlang der Donau. Steil ziehen die Waldhänge nach oben, der asphaltierte Radweg schlängelt sich aber immer nahe dem Fluss entlang. Man kommt unter der Brücke von Niederranna durch und scheinbar mühelos surren die Räder der Schlögener Schlinge entgegen. Hier gibt es die Möglichkeit, auf einer Fähre an das an-

Eindrucksvoller Blick auf die berühmteste Richtungsänderung der Donau.

dere Ufer zu wechseln und auf der Terrasse des Gasthauses eine Pause einzulegen. Von hier führt der Radweg weiter bis Aschach. Man kann aber auch auf der Mühlviertler Seite der Donau bleiben und bis Au weiterfahren. Hier beginnt der 3,5 Kilometer lange Naturlehrpfad Donauschlinge, ein einzigartiges Stück unberührter Natur. Die Räder setzen mit der Längsfähre nach Grafenau über, die Radfahrer gehen in 1½ Stunden zu Fuß. Weiter radelt man zuerst nach Ober-, dann nach Untermühl. Mit der Fähre überquert man die Donau und bald darauf hat man die alte Schiffersiedlung Aschach erreicht. Mit dem Nachmittagsschiff geht es entspannt zurück nach Engelhartszell.

Blick über die Donau auf das Trappistenkloster Engelszell, wo die berühmten Klosterliköre hergestellt werden.

89 Vier-Seen-Runde
Kaiserliches Radvergnügen

INFORMATION

www.salzkammergut.at,
www.attersee.at

Anreise: von Schörfling entlang des Attersees nach Weißenbach

Ausgangspunkt: Parkplatz Nixenfall, auch andere Startpunkte entlang der Strecke möglich

Distanz: 65 km

Anforderung: längere Radtour auf meist asphaltierten Nebenstraßen und Wegen mit einer längeren Steigung

Tipp: Eine schöne Wanderung führt vom Ausgangspunkt zur meist einsamen Nixe am romantischen Nixenfall. Gehzeit etwa 1 Stunde hin und retour.

Seen, Berge und Nostalgie – das sind die Schlagwörter des Salzkammergutes. An diesen orientiert sich auch diese Radrunde, die an jedem Punkt der Strecke begonnen werden kann. Wir haben als Ausgangspunkt Weißenbach am Attersee gewählt. Dort, wo die Straße vom Attersee ins Weißenbachtal hineinführt, bietet sich der Parkplatz zum Ausflugsziel Nixenfall als idealer Startpunkt an. Begrenzt durch das Höllengebirge und die Zimnitz, führt die Straße durch das malerische Tal entlang des Weißenbaches hinaus und endet direkt an der Traun kurz vor Bad Ischl. Das liebliche Städtchen Bad Ischl mit dem altösterreichischen Charme bietet eine Menge an sehenswerten Plätzen und verführt zum Trödeln. Weiter geht es an der

Strahlend weiß leuchtet der Kirchturm von Pfandl in den blauen Sommerhimmel.

Schrattvilla vorbei nach Pfandl und auf dem Salzkammergut-Radweg der Ischl entlang nach Strobl am Wolfgangsee. Hier lohnt es sich, ein kurzes Stück auf der Bürglpromenade zu spazieren, die Stege – direkt zwischen Wasser und Fels – bieten tolle Ausblicke. Auf der ehemaligen Eisenbahntrasse Salzburg–Bad Ischl rollt man den Wolfgangsee entlang nach Abersee und weiter nach St. Gilgen. Hier kann man noch Kraft tanken für den einzigen nennenswerten Anstieg auf dieser Tour, der vorbei am Krottensee hinaufführt zur Scharflinghöhe. Rasant ist die Abfahrt von hier zum Mondsee.

Kurz vor dem Mondsee folgt man der Verbindungsstraße, die durch einen Tunnel nach Au und weiter nach Unterach am Attersee führt. Vorbei am Eingang zur Burgauklamm kommt man zum Ausgangspunkt in Weißenbach zurück.

Die einsame Nixe am Fall.

Auf ruhigen Wegen unterwegs Richtung Strobl.

Von Aigen nach Linz
Mit Zug, Rad und Schiff

INFORMATION

Anreise: von Linz-Urfahr mit der Mühlkreisbahn nach Aigen-Schlägl

Ausgangspunkt: Bahnhof Aigen

Distanz: 55 km

Anforderung: Genussradtour auf asphaltierten Nebenstraßen und Radwegen; kurze Steigungen von Aigen nach Haslach; Beschilderung Mühltalradweg und Donauradweg

Unterwegs auf dem Donauradweg Richtung Untermühl.

Gut gelaunt und voller Tatendrang rattert an schönen Wochenendtagen ein buntes Völkchen an Rad- und Wanderbegeisterten mit dem Zug dem Oberen Mühlviertel entgegen. In Aigen startet der Mühltalradweg und schon kurz nach dem Stift Schlägl weisen Schilder den Weg, der über die gesamte Strecke bis zur Donau nicht mehr zu verfehlen ist. Es geht bergab, zumindest die Gesamttendenz wird dieser Aussage gerecht. Aber auf den ersten zehn Kilometern sind in Summe doch 250 Höhenmeter zu überwinden. Ab Rohrbach jedoch stimmt die Bergab-Version ohne Unterbrechung bis zur Donau. Und auch entlang dieser sind bis Aschach keine Berge mehr zu finden, höchstens Gegenwind. Die Landschaft ist eine einzige Wohltat für das Auge, zuerst die grünen Hügelketten, dann die einsamen Abschnitte entlang der Kleinen Mühl und zum Finale das Donautal. Es ist wohl einer der schönsten Abschnitte entlang des 2800 Kilometer

Freudiges Warten auf das Schiff.

langen Flusses. Man sollte sich Zeit nehmen für eine Pause am Wasser oder in einem der Gasthäuser an der Donau absteigen und das alles wirken lassen. Einen Berg gibt es doch noch, in Untermühl, und der versperrt den Weg auf der Mühlviertler Seite der Donau. Mit der Fähre ist dieses Problem leicht zu lösen und bald sitzt man in Aschach in einem der Cafés und wartet auf die Fahrt mit dem Schiff nach Linz. Sportliche Biker können auf dem Donauradweg dem Ausgangspunkt entgegenstrampeln. Diesen entgeht aber eine beschauliche Schifffahrt im warmen Licht des zu Ende gehenden Tages.

Überfahrt von Untermühl zum Donauradweg bei Aschach.

Glöcklerlauf und Fetzenfasching im Salzkammergut

Das neue Jahr und alte Narren

INFORMATION

Tourismusbüro Ebensee,
Tel. 06133/80 16,
www.oberoesterreich.at,
www.traunsee.at/ebensee/

Anreise: A 1, Abfahrt Regau, B 145

Wenn das neue Jahr ins Land gezogen ist, machen sich die Glöckler im Salzkammergut bereit für die traditionell am 5. Jänner stattfindenden Läufe. In verschiedenen Gemeinden laufen Gruppen – die sogenannten „Passen" – mit Beginn der Dunkelheit zuerst durch das Ortszentrum und dann von Haus zu Haus. Die Männer sind in weiße Gewänder gehüllt, tragen große, kunstvoll gestaltete Kappen mit beleuchteten Motiven auf dem Kopf und haben Glocken umgehängt. Die selbst gefertigten Kappen haben die Form eines Sternes oder einer Kirche und wiegen etliche Kilogramm. Der traditionelle Neujahrsgruß ist eine beliebte Attraktion für Gäste, aber auch für Einheimische, früher hat man damit böse Geister vertrieben. Glöcklerläufe finden unter anderem in Gmunden, Traunkirchen, Altmünster, Bad Ischl, Bad Goisern, Obertraun, Schörfling und Ebensee statt. Letzteres ist nicht nur der Ursprungsort des Glöcklerlaufes, sondern auch der Austragungsort für den berühmtes-

Nach unzähligen Arbeitsstunden krönen die wunderschönen Kappen das Haupt ihrer Träger.

ten Fasching des Landes. Der beginnt am Faschingsamstag mit einem lustigen Umzug verkleideter Kinder, gefolgt vom Faschingsumzug der Erwachsenen am Faschingsonntag. Den absoluten Höhepunkt der „Ebenseer Nationalfeiertage" bildet der „Fetzenzug" am „Fetzenmontag". Mit kunstvoll geschnitzten Holzmasken und bunten Lumpen bis zur Unkenntlichkeit verkleidet, ziehen die „Fetzen" herum und kritisieren alles, was sie während des vergangenen Jahres berührt oder gestört hat. Am Faschingdienstag sind wieder die Kinder dran. Beim „Nuss-Nuss" werden Nüsse, Orangen und Süßigkeiten in die Menge geworfen. Den Abschluss bildet am Aschermittwoch das große Faschingverbrennen am Traunufer mit anschließendem Heringschmaus.

Beeindruckendes Begrüßungskomitee für das neue Jahr: die Glöckler in ihren kunstvoll gestalteten Aufzügen.
Wenige Wochen später rechnen die „Fetzen" in Ebensee lautstark und lustig mit dem alten Jahr ab.

Kunstvoll geschnitzte Holzmasken und Lumpen verwandeln so manchen Ebenseer am Faschingswochenende in eine herrlich bunte Gestalt.

IM JAHRESKREIS

92

Donau in Flammen
Glühende Begeisterung

INFORMATION

WERBEGEMEINSCHAFT DONAU OBERÖSTERREICH:
Tel. 0732/72 77 800,
www.donauradweg.at

DONAUSCHIFFAHRT WURM + KÖCK, PASSAU:
Tel. +49 851/92 92 92,
www.donauschiffahrt.de

Jeweils drei alljährlich wechselnde Orte an der Donau bilden im Frühling und Sommer die Kulisse für ein besonderes Spektakel am großen Fluss. Der Nachthimmel ist dabei der Hintergrund, auf den bei Hereinbrechen der Dunkelheit große Feuerwerkskörper die herrlichsten Explosionen malen, die sich auf dem Wasser wunderschön verdoppeln. Dazu hört man Klänge, die die Feststimmung und das funkelnde Erlebnis komplettieren: „Donau in Flammen" – so heißt die besondere Veranstaltung – findet mit klassischer Musik statt, die im Einklang mit dem Feuerwerk Höhepunkte gestaltet. Jeder der drei Termine spielt sich an einem anderen Ort ab, die Gastgeber „brezeln" sich für ihren Auftritt ordentlich auf: mit Festbeleuchtung, Livemu-

sik, Standln, Zelten, kulinarischen Genüssen aus der Region, Kinderprogramm und Showdarbietungen auf dem Wasser. Mit einem Wort, jeder Ort veranstaltet ein großes Donauufer-Fest. Die Anreise auf dem Wasserweg erfolgt via Schifffahrt Wurm + Köck: Am Pfingstsamstag startet das erste Schiff um 19 Uhr von Passau aus in Richtung „Donau in Flammen" und fährt einen Ort im Oberen Donautal an.

Einen Tag nach Fronleichnam und am Freitag vor Mariä Himmelfahrt geht es von Linz aus jeweils um 19 Uhr auf dem Wasser zu den Schauplätzen im Unteren Donautal. Für musikalische Unterhaltung an Bord sorgt eine Livekapelle. Die Schiffe kehren gegen Mitternacht wieder in den Heimathafen zurück. Wer will, reist schon früher auf dem Landweg an, das Programm beginnt vor allem den jüngsten Besuchern zuliebe bereits am Nachmittag.

Bunte Feuerwerke tanzen zu den Klängen von Musik über den nächtlichen Himmel. An der Donau und auf Schiffen wird gefeiert.

93 Linz: Landes-Ritterfest, Pflasterspektakel und Klangwolke
Der Sommer in der Stadt

INFORMATION

Tourist Information Linz, Tel. 0732/70 70-1777, www.pflasterspektakel.at, www.klangwolke.at

LANDES-RITTERFEST:
Tel. 0732/60 30 60, www.ooe.familienbund.at

Heranspaziert zu Künsten aller Art: Beim Pflasterspektakel scheint nichts unmöglich.

Wenn sich Männer in Rüstung und Burgfräulein in der Stadt häufen, dann steht das Landes-Ritterfest des OÖ. Familienbundes an. Auf dem Hauptplatz und auf dem Taubenmarkt, auf der Promenade, in der Altstadt und auf dem Gelände des Schlosses kann man zu Beginn der Sommerferien für einen Tag mittelalterliches Flair erleben. Neben Ritterturnieren und Schaukämpfen zeigen Gaukler, Fakire und Schlangenbeschwörer ihr Talent. Märchenerzähler bringen kleine Feen und Ritter zum Staunen, die sich Kleid und Rüstung selber basteln dürfen. Uraltes Handwerk ist mit Nagelschmieden oder Bogenbauern vertreten. Kurze Zeit später steht ein anderes Fest mit

vielen Verkleidungen an: das Pflasterspektakel, das zu den größten Straßenkunstfestivals Europas zählt. Von überall her kommen Hunderte Künstler nach Linz, um im Juli von Donnerstag bis Samstag auf der Landstraße und auf anderen ausgewählten Plätzen in der Stadt bis in die Nacht hinein ihr Können zu zeigen. Artisten, Musiker, Tänzer und Theatergruppen aus der ganzen Welt bewerben sich um eine Teilnahme an dem renommierten Festival.

Ritter treffen zu spannenden Turnieren aufeinander.

Im September legt sich die Klangwolke über die Stadt. Das Freiluftprogramm besteht aus drei Veranstaltungen: Die visualisierte Klangwolke bietet mit moderner Musik nicht nur einen Genuss für die Ohren. Mit Laser, Videoprojektionen, Feuerwerk, Schiffen, Kränen, Ballons etc. ist sie auch eine Freude fürs Auge. Die klassische Klangwolke ist ein beeindruckendes Hörerlebnis der klassischen Art, das live aus dem Brucknerhaus nach draußen übertragen wird. Geschichten für junges Publikum erzählt jedes Jahr die Kinderklangwolke.

Feuerwerk und Laser gehören zur Klangwolke wie die Musik.

Sunnseitn
Volkskultur jenseits von Kommerz

INFORMATION

Tel. 0699/17 64 44 75,
www.sunnseitn.org

Anreise Arena Granit:
B 127; gleich nach
St. Martin im Mühlkreis.
Hirschbach samt Wirtshaus Pammer: südwestlich von Freistadt

Es gibt eine volksmusikalische Unterhaltung jenseits lederbehoster Schunkler, deren vorrangiges Ziel es ist, Geld in den Sack zu schaufeln. Gotthard Wagner (Urfahraner Aufgeiger) initiierte 1992 die Sunnseitn, ein Projekt, das den kreativen Umgang mit Traditionellem fördert und sich gegen den kommerziellen Ausverkauf von Volkskultur richtet. Die Begegnung zwischen Menschen und Kulturen steht im Mittelpunkt der zahlreichen Aktivitäten, in die alle künstlerischen Bereiche eingebunden sind. Seit Jahren gibt es intensive Kontakte und regen Austausch mit Böhmen, dem beispielsweise beim Kulturradeln auf einer rund 100 Kilometer langen „Kulturtrasse" (mit Installationen, Performances, Literaten, Radartisten, Musikern …) von Niederbayern nach Krumau gefrönt wurde. Aber auch Künstler aus Afrika und Lateinamerika haben ihre Kultur und ihre Botschaften im Rahmen der Sunnseitn

Die Freude am Musizieren ist das Leitmotiv der Veranstaltungen.

Mit volkstümlichem Schunkeln haben die Sunnseitn-Musiker nichts am Hut.

verbreitet, so beim Sonnenwendfest, das jedes Jahr in der Arena Granit in Plöcking stattfindet. Freilich hat man außerdem intimere Erlebnisse parat: Mit Tonga (einem Bantu-Volk) aus Zimbabwe wurde von der Sunnseitn einst eine Expedition ins Tote Gebirge gestartet, um sich intensiv erleben zu können. Legendär ist die Freistädter Sunnseitn, die Ende Juli ins Wirtshaus Pammer in Hirschbach zum „Tanz der Kulturen" (statt „Kampf der Kulturen") einlädt. Dort gibt es auf mehreren Tanzböden Volksmusikanten, DJs, Tänzer etc., die mit Innviertler Landlern, Gstanzln, Balkan-Groove oder Techno friedliche und fröhliche Koexistenz feiern.

Der kreative Umgang mit Traditionellem steht im Vordergrund.

IM JAHRESKREIS

Webermarkt Haslach an der Mühl

Gewebt, bedruckt, gefilzt und genäht

INFORMATION

Anreise: B 127 nach Rohrbach oder B 126 nach Bad Leonfelden, B 38

TEXTILE KULTUR HASLACH:
Marktplatz 45, Haslach an der Mühl,
Tel. 07289/72 300,
www.textile-kultur-haslach.at

WEBEREIMUSEUM:
Kirchenplatz 3,
Haslach an der Mühl,
Tel. 07289/715 93,
www.ooemuseums verbund.at

Öffnungszeiten:
April bis September dienstags bis sonntags 9–13 Uhr, Oktober dienstags bis sonntags 9–12 Uhr

MÜHLVIERTLER ÖLMÜHLE:
Haslach an der Mühl,
Tel. 07289/712 16,
www.oelmuehle-haslach.at

Auf dem alljährlich im Juli stattfindenden zweitägigen Webermarkt in Haslach gehen Tradition und Moderne eine harmonische Verbindung ein. Viele Jahrhunderte lang waren der Ort im Oberen Mühlviertel und seine Umgebung Zentrum der Leinenindustrie. Wenn auch nicht mehr viele Unternehmen aus dieser Zeit erhalten sind, so pflegt man die stoffenen Traditionen doch liebevoll. Im Webereimuseum im alten Schulhaus neben der Kirche kann man das ganze Jahr über die Geschichte der Leinenweberei anschaulich studieren, von der Flachsaufbereitung bis zur Hand- und mechanischen Weberei. Auf dem Webermarkt, der vom Verein Textile Kultur 1992 ins Leben gerufen wurde,

Hier werden schöne traditionelle Handarbeiten nach altem Muster präsentiert.

treffen einmal im Jahr alte Muster und moderne Kreationen aufeinander. Rund 90 Textilschaffende aus ganz Europa präsentieren dabei in den verwinkelten Gässchen des Ortsteiles „Stelzen" und auf dem schönen Marktplatz ihre hochwertigen handgefertigten Produkte: Gewebtes, Bedrucktes, Gefilztes, Genähtes, Web- und Klöppelzubehör, Knöpfe und vieles mehr. Der Ansturm an Bewerbern ist enorm, sodass die Jury jedes Jahr die Qual der Wahl hat. Der Zustrom an Besuchern ist noch viel größer, aus nah und fern kommen sie angereist, um auf dem bekannten Markt zu schauen und zu kaufen. Flachs wurde da „oben" nahe der Grenze zu Tschechien und Bayern übrigens schon von jeher nicht nur zur Herstellung von Textilien verwendet: In der Mühlviertler Ölmühle in Haslach, die auch zu besichtigen ist, wird seit 600 Jahren aus den Samen herrliches Leinöl gepresst.

So bunt wie die Techniken ist auch das Material beim Webermarkt.

Auch für moderne Kreationen ist Haslach der richtige Marktplatz.

96

Gamsjagatage
Geigen, Gamsbart und Gezwitscher

INFORMATION

Verein Gamsjagatage,
Bad Goisern,
Tel. 0664/440 59 85,
www.gamsjagatage.at
www.ooemuseums
verbund.at (Holzknecht-
und Landlermuseum)

Anreise: A 1, Abfahrt
Regau, B 145, oder
Abfahrt Thalgau, B 158

Bild oben: Die Pracht der Tracht ist in Goisern zu bewundern.

Seit Jahrzehnten kommen in Bad Goisern alljährlich an einem Wochenende im August die Leute zu den „Gamsjagatagen" zusammen. Hier wird Brauchtum gepflegt und gelebt: Vom Lederhosenmacher bis zum Zillenbauer sind auf dem Festgelände im Kurpark Vertreter alten Handwerks zu beobachten und man darf den Meistern bei der Arbeit auf die Finger sehen. Auf dem volkstümlichen Flohmarkt wird Gebrauchtes feilgeboten. Und wer Zeit und Lust hat, misst sich in der Schießstatt im Treffen der Scheibe. Einen der Höhepunkte bildet traditionell die „Gamstrophy", bei der in Tracht gekleidete Radfahrer auf alten Waffenrädern ein Rennen rund um Goisern bestreiten. Neben der besonderen Tour auf dem Rad steht eine nicht minder schräge Europameisterschaft auf dem Programm: Bei der Vogelzwitscher-EM nehmen es große und kleine Vogelstimmenimitatoren beim Wettzwitschern miteinander auf. Zu hören sind an den drei Festtagen neben dem Vogelgesang auch allerlei Musikanten, die

Hier wird altes Handwerk noch von allen Generationen fleißig gepflegt.

für die musikalische Umrahmung der besonderen Brauchtumstage im Inneren Salzkammergut sorgen: Es wird aufgegeigt und es darf mitgepascht und mitgesungen werden. Der Tag des Herrn, der Sonntag, wird zu den „Gamsjagatagen" mit einem großen Brauchtums- und Trachtenfestzug begangen. Die kleinen Gäste unterhalten sich im Rahmen des Gamskitztreffens beim Basteln, Schminken oder Grillen. Für Gaumenfreuden wird mit typischen Gerichten aus der Gegend gesorgt. Passend zu den Gamsjagatagen bieten sich Besuche im örtlichen Holzknechtmuseum und im Brauchtums- und Landlermuseum an.

Bei der Gamstrophy jagen die Waffenräder um Goisern. Wenn man sich da nicht ein Bier im Festzelt verdient hat ...

IM JAHRESKREIS | 203

Keltenfest im Urgeschichtlichen Freilichtmuseum Mitterkirchen

Wie die Ahnen

INFORMATION

Lehen, Mitterkirchen,
Tel. 07269/66 11,
www.mitterkirchen.at

Anreise: A 1, Abfahrt Enns, Mauthausen, Naarn

Öffnungszeiten Freilichtmuseum:
von Mitte April bis Ende Oktober täglich 9–17 Uhr. Das Keltenfest findet alle zwei Jahre am ersten September-Wochenende statt.

Die Häuser stellen originalgetreue Nachbauten aus der Keltenzeit dar.

Ein kräftiger Schluck vom Zaubertrank der Druiden und schon ist man bestens gerüstet für eine spannende Reise in die Vergangenheit. Beim alljährlichen Keltenfest bietet das Keltendorf in Mitterkirchen alles auf, was von den Ahnen zu lernen war: Bogenschießen, Schwertkämpfe, Brettchenweben, Spinnen oder Töpfern. Und das alles zum Zuschauen und Mitmachen in den archäologischen Werkstätten, denn so erfahren Gäste jeden Alters am besten, wie unsere Vorfahren gelebt haben. Wer sich als urzeitlicher Baumeister versuchen möchte, kann sich beim Blockhausbauen engagieren.

Oder man lernt, wie die Kelten Glas oder Metall verarbeiteten und wie es in der Knochenschnitzerei zuging. Aus dem Backhaus dringt der Duft von Fladenbrot, für kulinarische Genüsse sorgen Land- und Gastwirte aus der Region. Auch Musik und Tanz dürfen nicht fehlen. Besonders spannend für „kleine Kelten", die ein eigenes Programm geboten bekommen, sind die alten Sagen von Märchenerzählern und das Puppentheater. Archäologische Grabungen förderten in den 1980er-Jahren in Mitterkirchen faszinierende Zeugen aus längst vergangenen Zeiten zutage. Auf diesem „Fundament" entstand das Keltendorf, ein originalgetreuer Nachbau eines Dorfes, wie es in der Region vor 2700 Jahren bestanden hat. Hier werden die ganze Saison über Führungen und Kurse zu den keltischen Handwerken und Fertigkeiten angeboten. Auch der Tod wird eingebunden: Das nachgebaute Hügelgrab samt „Mitterkirchener Prunkwagen" ist begehbar und beherbergt ein Originalskelett.

Gestärkt mit einem kräftigen Schluck vom Zaubertrank geht es an die Arbeit:
Da wird getöpfert, gesponnen und gekocht wie bei den alten Kelten.

Almabtrieb in Gosau
Mit dem lieben Vieh ins Tal

INFORMATION

Tourismusverband Inneres Salzkammergut, Geschäftsstelle Gosau, Tel. 06136/82 95, www.inneres-salzkammergut.at, www.gosau.at

Anreise: A 1, Abfahrt Regau, B 145, Bad Ischl, B 166

Prächtig geschmückt kehren die Kühe von der Alm zurück ins Tal.

Wenn im Tal die Herbstzeitlosen blühen, dann ist es für die Kühe auf der Alm wieder Zeit, in den heimatlichen Stall zurückzukehren. In Gosau hat sich der traditionelle Almabtrieb, das Dankfest der Bauern und Senner für einen unfallfreien Sommer auf der Alm, samt uraltem Brauchtum zu einem Festtag entwickelt. Einheimische und Gäste finden sich alljährlich gerne ein, um das Vieh ins Tal zu geleiten. Wer nicht gern zu Fuß hinaufwandert, kann sich gemütlich mit dem „Gosauer Bummelzug" auf die Plankensteineralm chauffieren lassen. Bei einer Almjause stärkt man sich für das Kommende. Die Sennerinnen haben süße „Schneeballn" und „Abrausch" gebacken, für den Hut werden Reifbuschen zusammengebunden und man

darf – sofern man sich traut – sogar beim Aufkranzen, dem Schmücken der Tiere mit selbst gemachten Zierden, mit anpacken. Dann geht's in ziemlichem Tempo den Berg hinab. Wem die rasante „Talfahrt" zu schnell wird, für den ist wiederum der Bummelzug eine bequeme Alternative. Beim Ressenbachwald bleibt nach zwei Stunden Marsch kaum Zeit, den Musikanten zuzuhören, die Tiere zieht es – angetrieben vom Hütehund – weiter über die Felder zur Brandwirtwiese. Die Sennerinnen begleiten den Zug bis zum „Faschlstadl". Im Tal darf dann gebührend gefeiert werden. Am offenen Feuer werden Lamm und Spanferkel gegrillt, Schuhplattler zeigen ihr Können, im „Faschlstadl" wird aufgespielt und es wird Handwerkskunst feilgeboten. Ein besonderes Erlebnis in der atemberaubenden Kulisse der Weltkultur- und Naturerberegion Hallstatt-Dachstein.

Das Vieh ist auf dem Heimweg kaum zu bremsen.

Nach dem Almabtrieb wird im Tal gebührend gefeiert.

99 Advent, Advent ...
Am Wolfgangsee, in Kefermarkt und Steyr

INFORMATION

WOLFGANGSEER ADVENT:
Tel. 06138/80 03,
www.wolfgangseer-advent.at

Anreise: A 1, Abfahrt Regau oder Mondsee, oder Thalgau

WEINBERGER ADVENT:
Verein Schloss Weinberg, Tel. 07947/59 10, www.weinberger-advent.at

Anreise: A 7, B 310, Abzweigung nach Kefermarkt

TOURISMUSVERBAND STEYR:
Tel. 07252/532 29-0,
www.steyr.info

Anreise: A 1, Abfahrt Enns/Steyr, B 309

Weithin sichtbar erhellt eine riesige Laterne den See. Das Wasser ist das verbindende Element des Wolfgangseer Advents: St. Wolfgang, St. Gilgen und Strobl können an den Adventwochenenden via Erlebnisschiff angefahren werden. Jeder Adventmarkt hat seinen besonderen Charme. In St. Wolfgang lassen rustikal dekorierte Marktstände, Tannen und Fackeln den Ort heimelig und romantisch erscheinen. St. Gilgen erstrahlt mit lebensgroßen Figuren, die die Weihnachtsgeschichte erzählen, als barocke Adventinszenierung, und Strobl verwandelt sich in ein idyllisches Krippendorf. Das gleichnamige Schloss bildet eine wunderbare Kulisse für den Weinberger Advent im Mühlviertler Ort Kefermarkt nahe Freistadt. Hier wird Schönes und Köstliches nicht nur zum Kauf angeboten, man kann Handwerkern in Werkstätten auch bei der Arbeit über die Schulter blicken. Konzerte und Le-

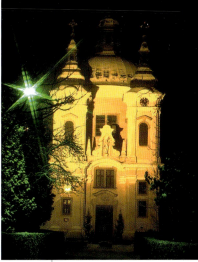

sungen ergänzen das vorweihnachtliche Programm.

Nicht umsonst nennt sich Steyr „Christkindlstadt". In der Altstadt flaniert man in vorweihnachtlichem Lichterglanz, um sich dann auf dem Weihnachtsmarkt an der Promenade zu laben. Im 1. Österreichischen Weihnachtsmuseum sorgen alter Christbaumschmuck ebenso wie die Christkindl-Erlebnisbahn für Weihnachtsstimmung. Traditionell findet eine Weihnachtsausstellung im Schloss Lamberg statt und ein Oldie-Bus fährt Richtung Wallfahrtsort Christkindl. Besonders romantisch ist es, sich im Dunkeln im Schnee von einem der Nachtwächter durch die mittelalterlichen Gassen führen zu lassen.

Allein schon durch das Postamt Christkindl und die gleichnamige Wallfahrtskirche ist Steyr untrennbar mit der Weihnachtszeit verbunden.

Bild links unten: Schloss Weinberg bildet eine wunderschöne Kulisse für vorweihnachtliche Freuden.

Das Wahrzeichen des Wolfgangseer Advents ist eine riesige Laterne auf dem Wasser.

100 Krippen in Ebensee, Bad Ischl und Steyr

Von Stall zu Stall

INFORMATION

TOURISMUSBÜRO EBENSEE:
Tel. 06133/80 16,
www.traunsee.at/ebensee

Anreise: A 1, Abfahrt Regau, B 145

TOURISMUSVERBAND BAD ISCHL:
Tel. 06132/277 57-0,
www.stadtmuseum.at

Anreise: A 1, Abfahrt Regau, B 145, Gmunden, Ebensee

TOURISMUSVERBAND STEYR:
Tel. 07252/532 29-0,
www.steyr.info

Anreise: A 1, Abfahrt Enns/Steyr, B 309

Von jeher gilt das Salzkammergut als Krippenlandschaft. Wenn im Winter die Arbeit draußen ruhte, setzten sich die Leute in die Stuben und schnitzten die schönsten Kripperl und Figuren. So entstanden im 19. Jahrhundert die „Ebenseer Krippen", bedeutende Landschaftskrippen, die den Stall mit Josef, Maria und dem Jesuskind in die Ebenseer Gegend – mitsamt ihren Leuten – einbetten. Oft sind es mehrere hundert Figuren, die eine solche Krippe bevölkern. In der Weihnachtszeit kann man sich zu einer traditionellen „Kripperlroas" aufmachen und die oft raumfüllenden Kunstwerke, auch „Krippö" genannt, in öffentlichen und privaten Räumen in der Traunseegemeinde bewundern.

Jesus, Maria und Josef, eingebettet in oberösterreichische Landschaften.

Eine ähnliche Reise unternimmt man in Bad Ischl im Pferdeschlitten. Die berühmteste Krippe ist wohl die Kalß-Krippe im Stadtmuseum, eine nach oben strebende Landschaftskrippe mit 300 Darstellern. Sie und weitere große Krippen gibt es hier und bei Privatbesitzern zu entdecken.

Zumindest eine Stunde sollte man sich Zeit nehmen, um ein besonderes Theater in der Christkindlstadt Steyr zu erleben: Das berühmte Steyrer Kripperl im Innerberger Stadel ist eines der letzten noch bespielten Stabpuppentheater. Im Pfarrhof Christkindl entfaltet sich neben einer mechanischen Krippe mit beweglichen Figuren auf 58 Quadratmetern eine der weltgrößten Krippen der Marke „orientalische Landschaftskrippe": die Pöttmesser Krippe. Über den Stadtplatz wacht der Krippenbaum und dort, wo Steyr und Enns in der Stadt zusammenfließen, stehen Josef, Maria und Co. weithin sichtbar auf einem Floß.

In den riesigen Krippen gibt es unglaublich viel zu entdecken.

Index

A
Afiesl 144
Aigen-Schlägl 48, 172, 190
Alkoven 176
Allerheiligen 64
Altmünster 192
Ansfelden 174
Aschach 17, 186, 190

B
Bad Goisern 160, 192, 202
Bad Hall 108
Bad Ischl 38, 100, 188, 192, 210
Bad Leonfelden 92
Bad Mühllacken 67, 102
Bad Schallerbach 94
Bad Zell 64, 98

D
Dachstein 52, 122, 148, 170

E
Ebensee 126, 128, 164, 192, 210
Eferding 176
Eibenstein 56, 151
Engelhartszell 17, 186
Enns 174

F
Feldkirchen an der Donau 118
Franking 124
Freistadt 198

G
Geboltskirchen 106
Geinberg 110
Gmunden 138, 192
Gosau 122, 159, 160, 206
Grein 36, 142

Großpiesenham 117
Großraming 179, 182
Grünau 74, 112

H
Haag am Hausruck 86
Hackenbuch 58
Hallstatt 44, 60, 82, 134, 170
Haslach an der Mühl 200
Helfenberg 144
Hinterstoder 136
Hirschbach 198
Holzöster 124

I
Ibm 59, 124

J
Jeleni 68
Julbach 132

K
Kefermarkt 208
Kerschbaum 80
Klaffer 114
Königswiesen 76
Kopfing 72
Kremsmünster 46
Krenglbach 90

L
Liebenau 70
Linz 12, 14, 16, 18, 20, 22, 24, 26, 28, 30, 191, 195, 196
Lorch 175

M
Micheldorf 78
Mitterkirchen 204
Molln 62, 154, 168
Mondsee 40

O
Oberhaag 69, 172
Oberkappel 96
Obernberg 184
Obertraun 52, 148, 170, 192

P
Pasching 176
Passau 16, 195
Pfarrkirchen 96
Plöcking 199
Pöstlingberg 24, 26
Pramet 116

R
Rainbach im Mühlkreis 80
Rechberg 64
Reichenthal 150
Reichersberg 184
Reichraming 62, 178
Rohrbach 84, 190
Roßleithen 152

S
St. Agatha 181
St. Florian 32, 174
St. Gilgen 189, 208
St. Martin im Mühlkreis 198
St. Oswald bei Freistadt 69, 104
St. Pantaleon 124
St. Thomas am Blasenstein 64
St. Wolfgang 146, 208
Schärding 184
Schildorn 117
Schlägl 48
Schlierbach 46
Schlögen 17, 186
Schmiding 90
Schöneben 68, 172
Schörfling 192
Spital am Pyhrn 54, 136, 162

Steeg 134
Steinbach am Attersee 164
Steyr 42, 178, 208, 210
Strobl am Wolfgangsee 130, 189, 208

T
Ternberg 178
Trattenbach 50, 168, 178
Traunkirchen 192

U
Unterach am Attersee 189
Unterweißenbach 76

W
Waizenkirchen 180
Weißenbach am Attersee 165, 188
Wels 34
Wernstein 184
Weyer 178
Weyregg am Attersee 156
Wilhering 176
Windischgarsten 88, 120, 140

Z
Zell am Pettenfirst 166

Perfekte Naturerlebnisse: Almwandern in Oberösterreich

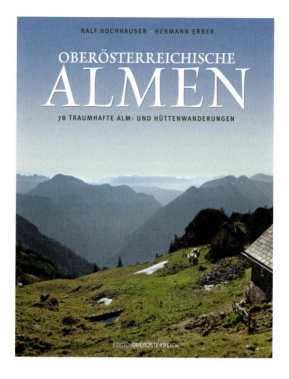

Ralf Hochhauser/Hermann Erber

Oberösterreichische Almen

78 traumhafte Alm- und Hüttenwanderungen

184 Seiten, Hardcover mit Schutzumschlag
ISBN 978-3-7012-0036-8

www.editionoberoesterreich.at

**Eine traumhafte Bilderreise
zu den Schönheiten Oberösterreichs**

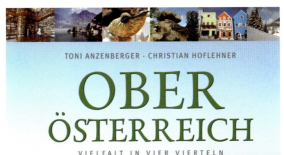

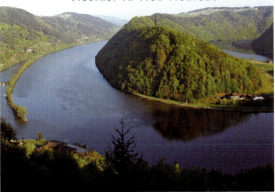

Toni Anzenberger/Christian Hoflehner

Oberösterreich

Vielfalt in vier Vierteln

132 Seiten, Hardcover
ISBN 978-3-7012-0033-7 deutsche Ausgabe
ISBN 978-3-7012-0034-4 englische Ausgabe

www.editionoberoesterreich.at

Das umfassende Standardwerk zur Kochkunst in Oberösterreich

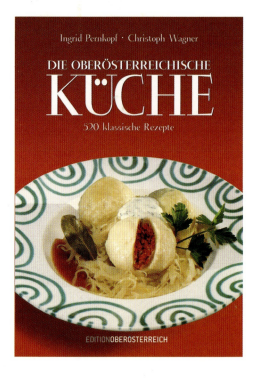

Ingrid Pernkopf/Christoph Wagner

Die oberösterreichische Küche

520 klassische Rezepte

448 Seiten, Hardcover mit Schutzumschlag
ISBN 978-3-7012-0032-0

www.editionoberoesterreich.at